守望者
The Catcher

阅读　你的生活

经典人文课

The Philosopher's Toolkit:

A Compendium of
Philosophical Concepts and Methods

3rd Edition

［美］皮特·福斯
（Peter S. Fosl）　　　　著
［英］朱利安·巴吉尼
（Julian Baggini）

陶涛　张荟　译

好用的
哲学
[第3版]

中国人民大学出版社
·北京·

缅怀我的同事和朋友——里克·奥尼尔（Rick O'Neil）

致谢

我们非常感激 Nicholas Fearn，正是他帮助我们构思并策划了这本书，他的辛勤劳作在这本书中随处可见。十分感谢 Wiley-Blackwell 出版社的 Jeff Dean，感谢他将这本书从一个好的想法，培育成一本（我们希望是）好的书籍。感谢 Rick O'Neil、Jack Furlong、Ellen Cox、Mark Moorman、Randall Auxier、Bradley Monton 和 Tom Flynn 等，他们和其他不知名的读者一起仔细审阅了书中的每个章节。同样感谢皮特的秘书 Ann Cranfill 以及他的同事们审阅此书。其中，化学系的 Robert E. Rosenberg 十分慷慨地审阅了书中所有关于科学的内容。我们还要感谢 Graeme Leonard 和 Eldo Barkhuizen，他们在整个编辑的过程中都非常认真仔细。感谢皮特的妻子和孩子们 Catherine Fosl、Issac Fosl-van Wyke、Elijah Fosl，以及朱利安的伴侣 Antonia，谢谢他们的体谅和支持。

前言

　　无论对初学者抑或专业人士而言，哲学都是一件极其复杂且需要技巧的事，它的目标与过程都令人心生畏惧。正如外科手术一样，哲学不但需要我们掌握一些知识，同样还需要特定的工具以及使用它们的技艺。《简单的哲学》与《好用的哲学》这套书便可被视为此类工具的收集和汇总。然而，不同于外科医生或木匠大师的工具，这套书中的工具是概念性的，它们主要用于进入、分析、批判与评价哲学概念、论证、视野和理论。

　　这套书有多种阅读方法。想要了解哲学关键问题的普通爱好者，可以一页一页地读；想要学习哲学基本方法的初学者，可以把它视为教材；假如有人想要快速地找到某个哲学概念和方法的解释，他还可以把这套书当成参考词典。换言之，初学者抑或哲学专家都能从这套书中方便地找到适合自己的内容，而这些内容通常需要花费大量时间、阅读众多文献才能掌握。这便是这套书的目的。

　　在这套书的第三版中，我们增加了 16 个新条目，对内容进行了扩充，并对其他大部分内容进行了查阅和修订。这套书的章节仍然从基本的论证工具深入更复杂的哲学概念和原理。书中贯穿着各种评估工具、根本法则、基本原则和重要概念间的区分。最后，以对哲学思考之局限性的讨论为结束。通过每一章节，都会打开一些切入点，进入当代哲学关注的复杂话题。

这套书的构思意在呈现多元化。这就是说，我们尽力尊重欧陆和英美这两种哲学传统。这两种西方哲学思想经常发生冲突，彼此都以批判性的怀疑和蔑视目光来看待对方。尽管这两种哲学传统也从未截然不同，但最后一个可以说，明确同时植根于两者的主要人物，是 18 世纪哲学家伊曼努尔·康德。在康德之后，欧陆哲学传统追求的思想路线是由德国和英国的唯心主义、现象学、存在主义、符号学、结构主义和各种后结构主义风格描绘的，有时也与文学批评混合在一起。相比之下，英美哲学首先经历了经验主义、功利主义和实证主义，然后转向实用主义和分析哲学。这套书致力于认同这样一种观念，即每一种传统都有其价值，最丰富、最真实的哲学研究方法都来自这两种传统。

这套书的各部分或章节由紧凑的条目组成，每个条目都包含对其所处理问题的工具性解释、使用中的工具示例，以及关于工具范围和限制的指导。每个条目都与其他相关条目交叉引用——通常以明确的方式，但有时也以我们认为既新颖又具有启发性的方式。读者可以按照交叉参考和推荐读物，从一个条目到另一个条目，绘制出自己的阅读路径。标有星号的推荐读物对读者来说更容易理解，相对来说也不那么具有技术性。在正文的前面还有一个互联网资源列表。

我们推荐的读物是专业读者应该了解的近期以及历史中的重要

文本。但推荐读物中也包括介绍性文本，这些文本将为初学者提供相关主题的更广泛的说明。其他推荐读物只是向读者提供一些关于该主题的重要范围的指引。

若要成为一名雕刻大师，不仅需要选取和使用工具的技巧，同样需要天赋、想象力、实践、毅力，有时还需要勇气。同样，学会了如何使用这些哲学工具，也无法让一个初学者一夜之间成为哲学大师。这套书所要做的是让读者掌握技能、能力和技巧，我们希望这样能帮助各位更好地进行哲学思考。

哲学家的互联网资源

网站

- *Academia.edu* (www.academia.edu)
- *American Philosophical Association* (APA) (www.apaonline.org)
- *AskPhilosophers* (askphilosophers.org)
- *British Philosophical Association* (bpa.ac.uk)
- *Daily Nous* (dailynous.com)
- *Fallacy Files* (www.fallacyfiles.org)
- *History of Philosophy without Any Gaps* (historyofphilosophy.net)
- *Internet Encyclopedia of Philosophy* (IEP) (www.iep.utm.edu)
- *Philosophy Stack Exchange* (philosophy.stackexchange.com)
- *PhilPapers* (philpapers.org)
- *Stanford Encyclopedia of Philosophy* (plato.stanford.edu)
- *TPM Online, The Philosophers' Magazine.* (www.philosophersmag.com)
- *Wikipedia's list of Philosophical Organizations* (en.wikipedia.org/wiki/List_of_philosophical_organizations)

播客

- *Elucidations* (philosophy.uchicago.edu/news-events/podcasts-interviews-and-lectures)
- *Ethics Bites* (www.open.edu/openlearn/history-the-arts/culture/philosophy/ethics-bites-podcast-the-full-series)
- *Philosopher's Zone* (www.abc.net.au/rn/philosopherszone)
- *Ethics Forward* (www.forwardradio.org/ethicsforward)
- *History of Philosophy without any Gaps* (historyofphilosophy.net)
- *New Books in Philosophy* (iTunes)
- *Philosophy Bite*s (philosophybites.com)
- *Philosophy: The Classics* (nigelwarburton.typepad.com/virtualphilosopher/philosophy_the_classics/index.html)
- *Philosophy Now* (philosophynow.org/podcasts)
- *Philosophy Talk* (philosophytalk.org)
- *The Partially Examined Life* (partiallyexaminedlife.com)

目录

第 1 章

区分概念的工具

1.1　先验/后验

　　记得在学校学习几何学的时候，我曾一度对"三角形的内角之和是 180°"的说法感到十分困惑。我不明白人们怎么能够如此肯定这一点，会不会有人某天发现了一个内角之和是 179°或者 182°的三角形呢？

　　当时我并没有意识到，"三角形的内角之和是 180°"是一个先验（a priori）命题。按照许多哲学家的观点，这就是说，该命题的真假独立于（或在逻辑上优先于）特定经验。我原以为几何学是后验（a posteriori）知识的一个分支，即我们只有通过过去的（后于或晚于）相关经验，才能判断其真假。

先验知识和"总是-已经"

为什么这样的几何学命题会被视为先验的呢？原因在于：在某种意义上说，几何学研究的对象，即三角形、正方形等，并不是"现实世界"中的物体。现实世界中的三角形物体也永远不可能是几何学里那种完美的三角形，纵使它们之间十分相似，我们可以忽略两者的差别。起码，我们生活在一个三维的世界里，而三角形、正方形等形状则纯粹是二维的。但即使是几何形状的四面体（三维的），也不同于那些由物理材料制成的四面体。

几何形状的三角形和四面体被认为是理想的，正因如此，它们普遍意义上的属性就不依赖于现实世界里的任何特定经验，比如我们无须测量某个具体的三角形物体。换言之，我们不必考察实际存在的三角形，只要考虑成为一个三角形的要素，并且根据我们使用的定义，便可以获知它的属性。然而，三角形并非与我们思维之外的世界完全无关。几何学确实告诉了我们一些信息。

但是，我们如何形成一个正确的先验主张呢？这些主张不仅是关于观念本身的［例如托尔金（Tolkien）的中土世界中所虚构的"炎魔"（balrog）观念］，而且是关于我们所栖居的世界（例如三角形）的。康德（Kant）是最重要的先验哲学家之一，康德认为，我们拥有三角形和世界其他部分的先验知识，只是因为我们具有获得普遍经验的能力。这就是说，在谈论普遍经验抑或世界时，我们必须在普遍意义上认为它总是和已经如此这般，而这是有意义的。

谈论世界必然总是-已经是这样一种特定的方式，这就意味着：

我们不仅可以正确地知道（1）我们迄今为止所经验到的和（2）我们实际上将要经验的，而且可以正确地知道（3）我们在任何时间任何地点有可能获得的经验（4.7）。所以，如果我进入一个我从未进入过的房间，我可能不知道我将在里面找到什么具体的物质对象（会有一张桌子吗？墙壁是蓝色的还是白色的？）然而，我已经知道，在我当前所站立的那个三维房间里，一定存有一个空间。我知道房间里的事件是有原因的，不矛盾律是成立的，存在可能性与必然性，时间是向前移动的，房间里的任何三角形都有三条边、其内角和是 180°，房间里的任何两个物体都不可能以同样的方式同时占据同一个空间，两个物体加上另外两个物体等于四个物体，不同的物体有不同的性质，等等。此外，根据主张先验的哲学家的观点，我必须总是并且已经知道，这些主张（以及其他类似的主张）在我可能进入的任何房间里都是正确的。

起源对验证方式

　　这个区分看似清晰，但涉及的内容却容易使人感到困惑。其中，有些困惑是多余的，有些困惑则源于一些严肃的思考。

　　通常，一个人若误解了"独立于经验的知识"的意思，就会生出不必要的困惑。假若你试图表明，我们能够认识三角形，仅仅是因为我们的经验（比如在学校里学过），那你就已经误解了我们在何种意义上把几何学看成先验的。换言之，我们了解几何学、数学、纯粹逻辑（这些都属于先验知识）等，或许最初都是通过经验。但是，表明某事物为先验的，并非我们最初知晓它的方式，也不是我们在特定的时间和空间点上知道它这一事实，而是它可以被证明为真或假的方式，以及现实中使这些方式行之有效的因素。

　　我们可能通过日常经验认识到三角形，我们一旦获知了这个概念，就不再需要根据经验去判断三角形的属性了。因此，先验知识的特点不仅在于它所主张的范围（对于任何可能的经验来说，它早就已经存在了），而且在于它的证明方式，而不在于我们是如何、何时、何地获得了它。除了定义、逻辑和数学的分析真理之外，对于继承康德传统（以及具有相似见解的传统）的哲学家来说，一些最有趣的先验真理早已为"超验论证"（transcendental argument；2.10）所证明了。

后验知识

　　然而，当我们从数学和逻辑转向飓风等自然现象时，我们的许多（尽管不是全部）知识都是后验的。换言之，关于世界的许多真理只是偶然的事实，我们只能从经验中学习。我们不要寄希望于通过"飓风"概念或"飓风"这个词语，就可以了解什么是飓风。我们必须通过观察来发现真正的飓风是什么样的。让我们来看以下关于飓风的陈述：

　　　　1. 根据定义，所有的飓风（hurricanes）都是风速等于或超过 64 节（74 英里/小时）的风暴（storms）。
　　　　2. 所有的飓风都有原因。
　　　　3. 根据记录，飓风的平均风速是 125 英里/小时。

　　第一句按照定义就是正确的，因此不是后验的。这是一个无须实际检验就能知道的关于飓风的真理。第二句更具有一些争议性。

根据一些（但绝不是全部）哲学家的看法，"一切自然现象都有原因"可以从先验真理中推导出来（1.6）。相比之下，第三句无疑要求对特定的飓风进行观察和经验测量，因此绝对是一个后验的断言。

历史重要性

这个区分到底有什么用途呢？在哲学史上，哲学家们始终为哪些是先验知识、哪些是后验知识而争执不休。这些分歧产生了一些非常重要的理论化的认识论。可见，这一区分是一个有用的工具，至少它可以帮助人们理解各种不同的认识论。如康德所做的，把这一区分与分析判断和综合判断之区分结合起来，你就能描绘出更详细的关于认识的想法（参见 1.3）。

许多近代的哲学家，例如笛卡尔（Descartes）、莱布尼茨（Leibniz）和休谟（Hume），都区分了先验真理和后验真理，但他们的区分标准却不尽相同。例如，考虑一下下面的陈述，以及这些思想家（大致）对这些陈述的不同理解：

1. "所有自然事件都有原因。"

　　a. 笛卡尔：分析的、先验的

　　b. 休谟：综合的、后验的

　　c. 康德：综合的、先验的

2. "$7+5=12$。"

　　a. 笛卡尔和休谟：分析的、先验的

　　b. 康德：综合的、先验的

　　3. "巴黎是法国的首都。"

　　　a. 莱布尼茨：分析的、先验的

　　　b. 笛卡尔、休谟、康德：综合的、后验的

　　在今天，这个争论仍以新的形式继续进行着，特别是在关于"自然主义"（naturalism）的争论中。自然主义的任务是，让哲学像自然科学一样，以概念、方法和数据为根基，严格根据可观察到的自然世界去进行界定。极端的自然经验主义受到许多人的抵制，而他们不认为自己是理性主义者；但这一事实却表明，在先验和后验之间划清界限是一个现实而又困难的问题。

对该区分的批判

　　有趣的是，先验和后验的区分已经遭到了众多攻击。普遍来说，现代哲学要么认为所有的知识都是后验的，要么寻找理解知识的第三种方式。正如奎因（Quine）批判分析/综合的区分一样，他也认为根本不存在所谓的先验知识，至少不存在非历史的先验知识，因为所有的知识原则上都能根据我们的经验进行修正（参见 1.3）。有什么东西对于每个人来说必须总是且已经是真的？我们是否可以转而思考一些与文化、历史时期、物种、语言或概念相关，或受到它们限制的先验知识？

同时参见：

1.3　分析/综合

1.16　必然性/偶然性

1.24　普遍/特殊

2.5　休谟之叉

4.7　可能性和不可能性

推荐读物：

Immanuel Kant（1781）．*Critique of Pure Reason*．

W. V. O. Quine（1980）．Two dogmas of empiricism. In：*From a Logical Point of View*．

Michael J. Shaffer and Michael L. Veber（eds）（2011）．*What Place for the A Priori?*

Albert Casullo（ed.）（2011）．*Essays on A Priori Knowledge and Justification*．

★ Albert Casullo and Joshua C. Thurow（eds）（2013）．*The A Priori in Philosophy*．

1.2　绝对/相对

1996 年，物理学家艾伦·索克尔（Alan Sokal）在《社会文本》（*Social Text*）上发表了一篇论文，题为《超越界线：走向量子引力的超形式的解释学》（"Trangressing the Boundaries：Towards a Hermeneutics of Quantum Gravity"）。然而，这篇文章是一篇恶搞之作，是故意为之的胡言乱语与混淆视听，旨在揭示一种草率的相对主义是如何在美国人文与社会科学领域泛滥成灾的，以及科学理念是如何被那些不懂科学的人滥用的。通过将科学和相对主义哲学结合起来，索克尔顺利地蒙骗了编辑的眼睛。

索克尔恶搞的两个目标是紧密相连的，正是因为科学，绝对与相对的区分才会在知识领域里受人关注。在观念论哲学的支持下，爱因斯坦（Albert Einstein，1879—1955）对时空的研究，以及量子力学中某些发现所引起的争论，都极大地威胁了关于这个世界的所谓绝对科学的概念。

两种时间观点

按照常识来看，时间一般被视为绝对的。这意味着，我们可以幻想有一块准时的手表，能够衡量整个宇宙的时间。纽约时间上午6点，就是格林尼治时间中午12点，而宇宙中的其他地点此时也是格林尼治时间中午12点。假如你在格林尼治时间中午12点鼓掌，而遥远的半人马座阿尔法星球上也有一个人在格林尼治时间中午12点鼓掌，我们就说这两个人"同时"（simultaneous）在鼓掌，即对于宇宙中的任何地点的任何人来说，他们两人都在"同一时间"（same time）鼓掌了。这就是艾萨克·牛顿（Isaac Newton）对时间的看法。

阿尔伯特·爱因斯坦则提出了"狭义相对论"（special relativity，1905），他认为，这种对时间的常识理解其实是错误的（物理学家们现在已经普遍接受了他的观点）。与其说时间是绝对的——同一块手表可以标示出宇宙中所有事件发生的时间，不如说时间是相对的。这就是说，时间要取决于，一个人相对于光速或其他参照系的运动速度。换言之，回答"何时"的问题，你就要知道"多快"。因此，银河系两端发生的两件事在某个参照系里是"同时的"，但在另一个参照系里则不是同时的。根据不同的视角，这两个观点都是正确的，我们不能厚此薄彼。

伽利略（Galileo）和莱布尼茨都曾质疑是否存在绝对的参照系，更别说那些怀疑论者与观念论者了，但即便如此，爱因斯坦对时空的解释仍是说明绝对/相对的区分中最清晰的案例。它让我们明确地看到：如果确立了唯一的标准，那么绝对性在所有时空里就都是有效的；而相对性则表明，这个唯一的标准有其自身的语境。我们若要恰当地使用绝对/相对的区分，就都要符合上述模式。

应用：伦理学和社会科学

例如，在伦理学中，绝对的正确与错误意味着，任何时候且对于任何人而言，它都是有效的行为标准——可能由上帝、理性或自然所定。假如杀害无辜的人是错误的，那么无论你是 20 世纪的纽约客、阿兹特克的农民，还是汉朝的皇帝，这种行为都是错误的。然而，伦理相对主义者则认为，对错与否取决于你所处的时间、地点，甚至取决于你是谁。相对主义者之所以这样想，其中一个原因是：他们认为，特定的社会文化、特别的情景状况、概念系统或特殊的个人生活，决定了对错的标准。在此之外，对错、好坏、美丑的标准都是不适用的。

绝对/相对的区分同样可以应用于其他社会科学。例如，经济学家、社会学家和政治哲学家都关注的"贫困"概念。像伦理标准一样，贫困也有绝对或相对层面的含义。如果贫困的标准是绝对的，那么我们就可以根据它来判断现代柏林和加尔各答的贫富状况，同样用它来判断公元 1 世纪罗马和耶路撒冷的贫富状况。然而，相对的贫困概念则意味着，我们或许认为一个只拥有公寓和电视的巴黎人是贫困的，但对于乍得共和国的农民来说，拥有同样的财产就是富裕的。

注意三点

使用绝对/相对的区分时，我们需要注意三点。第一，以上例子已经清楚地表明，我们形容某事物是相对的时候，并不是说我们完全没有判断的标准，也不是说"怎么样都行"。它仅仅是说，不存在绝对普遍的标准。换言之，否认绝对标准，不代表完全抛弃所有标准（虽然这也容易引起争论）。相对主义意味着存在多个不同的标准，它们彼此之间是相对的，但对于具体环境中的具体人群而言，标准都是有效的，甚至是非常严格的。

第二，我们没有必要总在绝对标准和相对标准之间做出一个选择。有时，我们只需要明白自己使用的是哪一个。比如，我们可以同时接受绝对的贫困和相对的贫困，再根据不同的目的分别使用它们。因此，明白我们使用的是哪个标准更加重要，而非做出一个非此即彼的选择。

第三，记住爱因斯坦的相对论本身，就像光速一样，不是相对的，它适用于所有的参照系，而这是很有启发性的。事实上，即使在相对论中，也不是所有的东西都是相对的；爱因斯坦的理论并不意味着逻辑和数学是相对的。此外，可以证明的是，任何相对论的主张若是绝对的，就必然有损于自身；因为如果有人说"所有事物都是相对的"，那么这个命题本身就应该是相对的。但假如"一切都是相对的"只是相对正确的，那么这就意味着至少有可能有些真理不是相对的。

政治意义

标准是多样的，没有一个标准优先于其他标准，因而这也被视为"平等"的一种表现。于是，赞同政治平等或社会平等的人，往往觉得作为一种平等主义的相对主义富有吸引力。保守派人士通常更青睐绝对主义，因为他们认为某些观点、行为或标准具有一定的优先性，比如政治或社会中应该有等级制度。然而，你不应该让你的政治倾向影响你对这个问题的判断。换言之，保守的观点不总是绝对主义的，而激进的观点也不总是相对主义的。例如，列宁（Lenin）就不是相对主义者；没有相对性的言论，保守主义者埃德蒙·伯克（Edmund Burke）[①]的哲学也会面目全非。

同时参见：

1.16　必然性/偶然性

1.19　客观/主观

3.9　尼采对基督教-柏拉图主义文化的批判

推荐读物：

Isaac Newton（1687）. *Philosophiae Naturalis Principia Mathematica.*

Albert Einstein（1923）. On the electrodynamics of moving bodies. In: *The Principle of Relativity*（eds A. Einstein，Hendrik A. Lorentz，H. Minkowski，and H. Weyl），pp. 35 – 65.

[①]　埃德蒙·伯克是英国的政治家和哲学家，辉格党保守主义的主要人物。——译者注（本书所有脚注均为译者注，不再一一标注。）

Alan Sokal and Jean Bricmont（1998）. *Intellectual Impostures*.
Peter Unger（2002）. *Philosophical Relativity*.

1.3　分析/综合

像许多哲学概念一样，分析/综合的区分最初显得一清二楚，随
后却越来越模糊，以至于人们有一天终于开始怀疑它是否真的有用。

这个区分源自伊曼努尔·康德。在他的术语中，分析判断是
指：没有在概念已经包含的知识之外增加新的内容。它通常被用来
界定"主词"（句子讨论的对象）与"谓词"（描述、解释这个对象
的内容）之间的关系。例如，"雪是白的"这句话里，"雪"是主
词，"白的"是谓词。分析判断意味着，句子中谓词的含义已经完
全被包含在主词之中。因此，这种判断仅仅通过解蔽或分析主词，
就能得到谓词。例如：

1. 所有的单身汉都是没有结婚的人。
2. 所有的三角形都是三条边。

在这两个例子中，谓词（没有结婚的人和三条边）都已经存在于主
词（单身汉和三角形）的含义之中。用康德的术语来说，这两个判
断作为整体，并没有超出判断中主词概念（单身汉和三角形）已经
包含的内容。

这种"分析"也可以用论证的结构形式来阐释。例如，假若你
知道查尔斯是单身汉，而后你得出结论"他是没有结婚的人"，你
就做出了一个分析判断。因为当你说他没有结婚时，你并未说出任

何新的内容，这个结论早已包含在他是单身汉的前提之中了。

然而，如果你认为某事物是水，因而你得出结论"它会在100℃沸腾"，那么你就做出了一个综合判断。因为仅仅认识到某事物是水，并没有告诉你它的沸点是多少。你可以在不知道水的沸点的情况下，以特有的方式使用"水"这个词。"水的沸点"的判断，并不包含在"水"概念之中；相反，"单身汉是没有结婚的人"的判断，却已然包含在"单身汉"概念之中。简言之，在综合判断里，谓词为主词增加了新的内容。因此，以下陈述便是综合判断：

> 1. 苏格兰单身汉的平均寿命是70岁。
> 2. 雨果马场的三角形粮仓是白色的。

莱布尼茨则相反，他认为任何关于事物的真的判断都是分析的。理性主义者认为，每一事物的"完整概念"包含了它的所有属性。以上内容都足够清晰，但会变得越来越棘手。

心理学或逻辑学？

首先，康德的定义似乎更依赖思考者的心理，而非概念的逻辑或含义。通过他声称"$7+5=12$"是一个综合判断，我们就可以清楚地认识到这一点。在我们看来，"12"在逻辑上似乎已经包含在"$7+5$"之中了（因而应该是分析的）；但从心理维度来讲，一个人想到"$7+5$"的时候，可以不用想到"12"。加法中涉及的数字较大时，我们就能看得更清楚。比如：一个人想到"$1\,789+7\,457$"的时候，可以不用知道这两个数字的和是"$9\,246$"；但"$9\,246$"在逻辑上已经包含在"$1\,789+7\,457$"的理念之中了。

因此，问题的关键在于，我们该如何解读康德所说的"判断超出了主词概念已经包含的内容"。我们不仅可以从逻辑的、心理的角度理解，还可以从语义的角度理解。这也就是说，分析判断是指：无论说话者是否理解词语的含义，词语的客观含义就已经决定了该判断是真的。比如，"单身汉是没有结婚的人"是分析判断，这并不意味着说话者已经理解了"单身汉"的含义（很多人都有可能不懂词语的含义，比如他/她正在学习第二外语），而仅仅是因为"单身汉"的客观含义是"没有结婚的人"（无论他/她知道与否）。

"分析的"与"综合的"这些细微不同用法的存在，着实令人困惑。因此，除非你解释得足够清楚，我们很难知道你到底说的是哪一种。

这些论点很重要，因为它们说明了"先验/后验"的区分与"分析/综合"的区分之间的不同点。大致来说，"先验/后验"讨论的是判断的真假是否取决于我们的生活经验；"分析/综合"讨论的是判断是否为主词概念增添了新的内容，或者说，判断究竟重复了已有知识，抑或扩展了已有知识。

奎因和包含

分析/综合的区分还有更多的麻烦。奎因曾在其著名的论文《经验主义的两个教条》（"Two Dogmas of Empiricism"，1951）中指出，就"分析判断的谓词'包含'在主词之内"而言，我们使用的"包含"（containment）一词其实并不明确。一个概念如何"包含"在另一个概念的含义之中？似乎没有一个很好的界定方式，能帮助我们准确地描述该词的用法。另一方面，在"解释概念的含义"与"为概念增添新的内容"之间，必然要有区别。["蕴含"（entailment）概念也面临相同的问题。]

总之，分析/综合的区分看似简单，但它在哲学领域也引发了许多难题和基础性问题（参见 2.4）。

同时参见：

1.1　先验/后验

1.10　蕴含/蕴涵

1.16　必然性/偶然性

2.5　休谟之叉

推荐读物：

Immanuel Kant (1781). *Critique of Pure Reason.*

H. P. Grice and Peter F. Strawson (1956). In defence of a dogma. *Philosophical Review* 65：141 – 158.

W. V. O. Quine (1980). Two dogmas of empiricism. In：*From a Logical Point of View.*

★ Cory Juhl and Eric Loomis (2010). *Analyticity.*

1.4　信念/知识

2016 年底，在一些圈子里经常会听到这样的言论："我就知道希拉里·克林顿会赢得大选！我就是知道！她怎么可能会输?!?!"当然，事实是唐纳德·J. 特朗普赢得了美国总统大选，因此很明显，人们不可能知道克林顿会赢。像这种使用"知道"这个词的情况，他们实际上是说他们持有非常强烈的信念，他们感到肯定或非常自信。在这种情况下，把"知道"换成"相信"在哲学层面是可以理解的，因为这两个概念长期以来一直交织在一起。

　　然而重要的是，要在一开始就意识到，有不同种类的知识和不同种类的信念。这些不同的确产生了影响。你可以知道一个陈述是正确的。你可以知道一个人或一个地方。你可以知道如何做某事，或者对某事物的感觉（参见 1.15）。类似地，你可以相信一个陈述是真的，或者简言之，只是相信某人。不过，你也可以相信上帝或你信任的人（"我相信她；她会保守我的秘密"），或者你对某件事有信心（"我相信这个团队；这个团队会赢"）。你可以相信某件事但却并不知道它，不过，假如说你知道某件事但却不相信它，这通常会显得很奇怪。信念可能被证明是错误的，但知识不会。有些哲学家诸如西塞罗（Cicero，前 106—前 43）和学园派怀疑论者迦太基的克里托马库斯（Clitomachus of Carthage，前 187—前 110）曾怀疑过，一个人是否可以相信某些说法，同时悬搁对这些说法是否真实的判断。相信，是否足以使一个断言看上去为真呢？你可以看到，这个兔子洞越来越深。

《泰阿泰德篇》201d - 210a 及其后续

　　许多问题——就像许多哲学问题一样——都可以追溯到柏拉图（Plato）。在柏拉图的对话《泰阿泰德篇》（*Theaetetus*，201d - 210a）中，苏格拉底的角色提出了一个涵盖三个要素的知识定义：真的、证成的信念（true，justified belief）。柏拉图自己似乎并没有最终赞同这个定义，但这个定义获得了相当大的吸引力。根据这个定义，知识是信念的一个子集。这个信念是真的——该信念就是这个事物的事实。但只有真，是不够的。有资格成为知识的信念还必须得到合理的证成。所谓合理的证成，哲学家通常是指认知者要有充分的理由，抑或确凿的证据，抑或可靠的或有说服力的论证来证明信念的命题内容是真的。

这个定义受到了抨击，尤其是最近，受到了像埃德蒙德·盖蒂尔（Edmund Gettier）这样的认识论学者的抨击。盖蒂尔令人信服地描述了几个反例（称为盖蒂尔问题），说明了一个真的、证成的信念也不能被描述成"知识"。继盖蒂尔之后，被称为外在主义者（1.14）的哲学家们认为，为了定义知识，必须要有独立于认知者信念的特定外部环境［有时被描述为"认知美德"（epistemic virtues）］，而这比主观的信念或经验更加重要——例如，通过可靠的过程（例如主体的神经系统）产生对所知事物的判断。另一些人则认为，知识必须是安全的，意思是它不可能仅仅靠运气获得，而且犯错误也要有一定的难度。也有一些人认为，必须排除掉相关的替代性选项或不相容的结论。还有一些人认为，从已知事物中推出的其他结论不能作为开放性的问题而悬而不决——它们也必须是已知的，从而实现一种认知上的终结。也许与信念最密切相关的问题是，认知者是否必须——我们在很认真地说——知道他们知道了某事物。换言之，在没有意识到或至少在潜意识中知道某事物，这种情况能被说成知道某事物吗？

信念的伦理学

伦理的问题也潜伏在这里。哲学家热衷于解析信念与知识之间关系的原因之一是，许多人发现我们有道德责任只接受正确的信念。毕竟，持有最佳的信念不正是哲学和科学的中心目的吗？现在请注意，我们的信念在多大程度上受我们的控制，这是一个真正的问题，但持有错误的信念似乎依然经常是道德上的错误。

区分各种信念的一个重要原则被称为"证据主义"（evidentialism），也就是说，一个人应该只相信他知道是真的，或者至少是他有充分证据或理由支持的东西。笛卡尔在他的第一个沉思中阐述了此观点的一个版本。需要有证据，这似乎是一个足够合理和明显的原则，但对于那些在没有实质性证明或证据的情况下相信神的人来说，它则是严厉的，并且造成了相当惊人的影响。在一个更乏味的层面，有人指出，假如我们在相信我们的家人或伴侣爱我们，或者在健康问题上信任医生之前，还需要有足够的证明或证据去知道这些，这似乎就要求得太多了。在一些批评者看来，要求我们获得了知识之后才能去相信，这会使我们陷入怀疑的孤立状态。然而，假如对于什么信念是合理的、什么信念是不合理的没有任何认知上的要求，则又会在根本上对所有信念构成威胁。这是一个引人入胜的问题，尽管很难解决。我们知道你也会同意的！

同时参见：

1.13　内在主义/外在主义

1.14　亲知的知识/描述的知识

4.10　怀疑主义

推荐读物：

Edmund L. Gettier（1963）. Is justified true belief knowledge? *Analysis* 23（6）：121 - 123.

Frederick F. Schmitt（2006）. *Knowledge and Belief*.

★ Alvin I. Goldman and Matthew McGrath（2014）. *Epistemolo-*

gy：*A Contemporary Introduction.*

Miriam Schleifer McCormick（2015）．*Believing Against the Evidence*：*Agency and the Ethics of Belief*．

★ Diego Machuca and Baron Reed（2018）．*Skepticism*：*From Antiquity to the Present*．

1.5　直言/模态

在英语世界中，很多人都批判哲学太受制于逻辑了，而他们认为，逻辑的一个局限性就是它无法准确地把握世界的复杂性。这个批判可以说既对又错。

这个批判的正确之处在于，一般的逻辑形式是真的"直言"命题，这种形式无法捕捉到日常语言和思想中的许多细节。对于一般逻辑而言，命题仅仅通过两种简单的直言形式予以表达——真或假。让我们来看以下不同的命题：

有些命题在某些时刻是真的，在某些时刻是假的："阳光普照。"

有些命题无疑是真的："事物存在。"

有些命题已知是真的："铀原子可以再分。"

有些命题可能是真的（同样可能是假的）："保守党会赢取下一次的选举。"

有些命题必然是真的："1+1=2。"

人们相信有些命题是真的（它们实际上或许不是真的）：

"伊俄卡斯达的丈夫不是杀害拉伊俄斯的凶手"——这是俄狄浦斯的观点。

的确，正如批判者所言，经典逻辑不能解释以上谈论"真"的命题；但是，他们却错误地认为经典逻辑使哲学贫瘠化了。首先，并非所有的哲学都局限在经典逻辑的范畴之内。其次，甚至逻辑学家们都已经认识到了这一点，并且发展出了不同的衍生逻辑学，包括"模态逻辑"（modal logic）在内，以应对这个问题。模态逻辑试图让逻辑学兼容不同的"模态"，比如以上提到的：时间模态（某些时刻是真的，某些时刻是假的）、逻辑模态（必然是真的）、认知模态（无疑是真的；已知是真的）、内涵模态（人们相信它们是真的）。这样的模态命题与简单的形式命题（"它是真的"或"它是假的"）形成了鲜明的对比。关心模态逻辑对现实之启示的哲学家们，就会去探究他们所谓的模态形而上学。

模态逻辑本身也是哲学的一个特别专业的领域。对于初学者而言，仅需记得，我们在说"X 是真的"时，通常采用的是直言形式，而一种更加完善或准确的表述则有可能属于模态形式。关键的问题是：我们能否判断一个命题究竟是真的直言形式命题还是模态形式命题？如果是后者，它又属于何种模态？

（需要注意，"模态逻辑"有时指能够兼容"可能性"或"必然性"等概念的逻辑学，而与以上提到的模态无关。）

同时参见：

3.10*[①]   矛盾/对立

[①]   本书"同时参见"中带有星号的章节号，为本书姊妹篇《简单的哲学》（中国人民大学出版社，2025）一书中的章节号。

1.11　持续主义/接续主义

1.16　必然性/偶然性

4.7　可能性和不可能性

推荐读物：

Nicholas Rescher and A. Urquhart (1971). *Temporal Logic*.

Richard Patterson (1995). *Aristotle's Modal Logic*.

★ Rod Girle (2009). *Modal Logics and Philosophy*，2nd edn.

Bob Hale and Aviv Hoffmann (2010). *Modality*：*Metaphysics*，*Logic*，*and Epistemology*.

1.6　原因/理由或理性

劳瑞·安德森（Laurie Anderson）那首凄美动人的歌曲《万有引力之天使》(*Gravity's Angel*，1984)[①] 结尾处的歌词追问："为什么是这些山？为什么是这样的天空？这条公路？这个空房间？"在回答这样的问题，以及自然科学、社会科学、人文科学，甚至刑事调查中的问题时，人们要么诉诸"理由"或"理性"（reasons）[②]，要么诉诸"原因"（causes）。然而，"理由"或"理性"与"原因"

---

①　作者在原文中将歌名错误地写成 *Gravity's Rainbow*（《万有引力之虹》）。安德森的歌曲名是《万有引力之天使》，而《万有引力之虹》是托马斯·品钦（Thomas Pynchon）所写的小说名。

②　为了不涉及 reason、rationality、cause 等专业术语译法的争议或困难，且尽可能清晰、通顺地用中文来表达，我在本节中将尽可能把 reasons 译为"理由"或"理性"或"原因"，而将 rationality 译为"理性"、将 cause 译为"原因"，以做区分。

之间的关系究竟是什么，长期以来都是哲学争论的问题。

自然秩序中的"理由或理性"与"原因"

哲学家，尤其是那些具有理性主义倾向的哲学家，长期以来一直认为自然世界在某种意义上是理性的。他们的意思一般是，自然现象有某种逻辑秩序。前苏格拉底时代的希腊哲学家赫拉克利特（Heraclitus，约前 540—前 480 与前 470 之间）说，有一种宇宙的逻各斯贯穿于万物之中。柏拉图主义者认为，现象世界在某种程度上复制了神圣的、形而上学的理念（ideas，或译"型相"）的理性秩序。古代斯多亚学派描述了一种包罗万象的理性自然法则，支配着世界上发生的一切。中世纪的哲学家们通常在自然秩序中看到创造自然秩序之上帝的理性心智的证据。

早期的现代理性主义者，如笛卡尔、斯宾诺莎（Spinoza）和莱布尼茨，采用并改进了这种理解自然的方式，将其视为一种理性的系统，其中因果之间的联系跟演绎论证中前提与结论之间的联系并没有什么不同。因此，莱布尼茨在他 1704 年的《人类理智新论》（*New Essays on Human Understanding*）中这样解释理性主义的观点："事物领域中的原因对应着真理领域中的理由或理性。"这就是为什么在理性主义者的心目中，自然可以用数学来理解。19 世纪的体系哲学家 G. W. F. 黑格尔（G. W. F. Hegel）在他的《精神现象学》（*Phenomenology of Spirit*）和《哲学科学百科全书纲要》（*Enzyklopädie der Philosophischen Wissenschaften im Grundrisse*，§95）中简明扼要地说："现实的就是合乎理性的，合乎理性的就是现实的。"

把自然世界设想为一种理性秩序的一个重要结果是，它可以为理性的人类心灵所理解。也就是说，因为自然世界是理性的，所以我们可以通过科学和哲学来认识它。解释（并捍卫）这个世界，而它使人类的知识成为可能，这对于理性主义者来说很重要。

当然，并不是哲学史上的每个人都同意这种理解自然的方式。在那些具有不同思考方式的哲学家之中，有属于怀疑主义传统的哲学家。希腊化时期的怀疑论者塞克斯都·恩披里柯（Sextus Empiricus）在他的《皮浪学说概要》（*Outlines of Pyrrhonism*）中收集了各种论证，它们起码证明了我们为何有可能无法理解各种原因之中的逻辑秩序（PH，1.17.180 – 186；PH，3.5.22 – 29）。中世纪法国哲学家奥特库尔的尼古拉（Nicholas of Autrecour，约 1299—1369）认为，因果之间没有明显的联系，无论是逻辑上的还是其他方面的。几个世纪后，苏格兰哲学家大卫·休谟认为，我们只能察觉到因果之间经常联系在一起，但这显然是我们在经验中发现的事件之间的偶然结合（参见 1.17），它们之间没有任何逻辑联系："我们所有的因果概念只是向来永远结合在一起并在过去一切例子中都发现为不可分割的那些对象的概念，此外再无其他的因果概念"[《人性论》（*A Treatise of Human Nature*），1.3.6.15]①。与理性主义者相反，休谟说，你不能从火的理念中推断出为什么它应该是温暖的；你不能从水的理念中推断出它的标准沸点是 100℃。只有经验才能告诉我们。实际上，对于休谟而言，理由或理性告诉我们"任何东西都可以产生任何东西"（《人性论》，1.3.15.1），而发生的事件也许压根就没有任何原因。事实上，休谟说过，根据理由或理性所能告知我们的内容，有些东西的存在甚至有可能没有一个原

---

①　译文参见休谟：《人性论》上册，关文运译，商务印书馆 1980 年版，第 111 页。

因（《人性论》，1.3.3）。

理由或理性、原因与人类行为

"理由或理性"与"原因"之间的关系也一直是对理解人类行为感兴趣的哲学家们所研究的问题。康德在他的《实践理性批判》（*Critique of Practical Reason*，1788）中通过一种先验策略（参见2.10）为许多人提供了一个有说服力的观点，即道德行为不能有原因或被引发（caused）。它必须是自由的，要以理由或理性（reasons）为基础的［事实上，是一种特殊的理由或理性，康德称之为"定言命令"（categorical imperative）］。有原因或被引发的行为是被决定的，而不是自由的。正如致人死亡的闪电不能完全被理解为不道德，有原因或被引发的行为也不可能是道德的。对于康德而言，没有原因或不是被引发的行为，则是它可能成为道德行为的必要条件。

"理由或理性"也被认为不同于原因，因为谈论它们的方式——解释方式——似乎相同。如果有人问你马丁·路德·金死亡的理由或原因是什么，你可能会说他的心脏停止跳动或颈部中弹。如果有人问你为什么脱欧在2016年6月的英国公投中胜出，那么用投票的物理机制来回答似乎就是不合适的。在他或她的问题中，询问者想问的不是所发生的物理事件中的因果关系，而是什么激发了相关行为者的想法、动机、信念、意图、希望、想象和意识形态。对于一些思想家而言，这种对人类行为和自然事件所进行的不同解释方式，标志了社会科学和自然科学之间的不同，甚至有可能是区分这两种科学的方法。

唐纳德·戴维森（Donald Davidson）在1963年发表了一篇名

为《行为、理由/理性和原因》("Action，Reasons，and Causes")
的文章，在很大程度上结束了分析哲学领域的这场争论。戴维森认
为，激发行为的理由或理性实际上可以被理解为原因的一个种类，
而且这种解释方式比康德等人所提出的解释方式更容易保持一致
性。对于许多思想家来说，这意味着"理由或理性"可以被还原为
"原因"。然而，反还原论者仍在追问：语言的一致性是否能够推论
出，人类行为在形而上学层面也真的具有一致性？有没有可能是这
种情况：出自理由或理性的人类行为，依然不同于或必然不同于有
原因的或被引发的自然的、物理的现象？

同时参见：

2.9*　　还原

1.10　　蕴含/蕴涵

1.15　　心灵/身体

1.20　　实在论者/非实在论者

推荐读物：

★ David Hume（1739）. *A Treatise of Human Nature.*

D. Davidson（1963）. Actions，reasons，and causes. *Journal
of Philosophy* 60（23）：685 – 700.

Giuseppina D'Oro and Constantine Sandis（eds）（2013）. *Rea-
sons and Causes.*

1.7　条件/双条件

查斯·卓别林曾经告诉德克·杜金，如果他（查斯）能够晋

升，他就穿上兔子装站在牛津市中心，然后高歌《今夜无人入睡》（*Nessun Dorma*）[①]。而后有一天，德克路过牛津市中心时，恰巧看见有人穿着兔子装，用富有磁性的声音悠扬地唱着普契尼的歌剧。他走近仔细一瞧，那人果然是查斯，于是赶紧前去祝贺查斯得到了晋升。

"晋升?"查斯回答道，"开玩笑吧！我早被炒鱿鱼了，现在只能靠街头表演来维持生计。"

德克犯的错误很常见，这主要是因为他混淆了日常语言中"如果"（if）的两种用法。按照哲学的说法，他混淆了"条件"（conditional）和"双条件"（biconditional，或译"双态"）：前者指简单的"如果"，后者则指"当且仅当"（if and only if，或 iff）。它们两者之间的差异至关重要。让我们来看以下两个命题的区别：

> 1. 如果我得到晋升，我会穿着兔子装唱歌。
> 2. 当且仅当我得到晋升，我会穿着兔子装唱歌。

我们可以把上述两个命题都划分成两个部分：

> 前项（antecedent）：接着"如果"或"当且仅当"的部分（"我得到晋升"）。
>
> 后项（consequent）：紧接着前项之后（"我会穿着兔子装唱歌"）。

假如第二个命题是真的，并且你看见查斯穿着兔子装唱歌，你就可以推出他得到了晋升。这是因为，在一个双条件陈述句中，只有在

[①]　《今夜无人入睡》是意大利歌剧作曲家普契尼的作品《图兰朵》中的歌曲。

前项为真的时候，后项才是真的。由于条件是"当且仅当"，所以后项不可能为真，除非前项为真。因此，如果你知道后项为真的话，那么前项也一定是真的，因为只有在"双条件"的情况下，结论才能够为真。在逻辑学中，"唯一"（only）是一个极其有力量的词语。

　　然而，在普通的条件句中，结论并不必然由前提得出。查斯没有说，当且仅当他得到晋升时，他才会穿着兔子装唱歌。因此，他也有可能出于晋升之外的理由而穿着兔子装唱歌。

　　还有一个清晰的例子是，我的朋友说："如果我中了彩票，我会到巴哈马群岛度个长假。"这并非意味着，当且仅当她中了彩票，她会到巴哈马群岛度个长假。假如她继承了一大笔遗产，或者通过其他方式获得了一大笔金钱，她也有可能到巴哈马群岛度个长假。因此，假若有人说，"如果我中了彩票，我会到巴哈马群岛度个长假"，同时你又发现他或她的确在享受这样的假期，那么你仍然无法确定他或她是否中了彩票。

"如果"的背叛

　　这种错误——如果条件句的后项为真，就认为前项也为真——被称为"肯定后项"（affirming the consequent）。正如"否定前项"一样，这是人们很容易犯的错误，因为在日常生活中，我们往往依靠模糊的语境而非清晰的语法规则，去区分条件命题与双条件命题。因此，我们很容易把"如果"误认为"当且仅当"，甚至有可能在使用"当且仅当"时，真正想要表达的却是"如果"。

　　避免这种错误的方法是，在阅读或聆听的时候，时刻检查"如果"的用法，看看它是条件句还是双条件句。而在你自己的写作中，假如你要表达一个双条件句，就精确地使用"当且仅当"，这样，你就不会看见一个穿着兔子装唱歌剧的人，就以为他得到了晋升。

同时参见：

1.4* 有效性和可靠性

3.1* 肯定、否定与条件句

1.10 蕴含/蕴涵

1.17 必要/充分

推荐读物：

Dorothy Edington（2001）. Conditionals. In：*The Blackwell Guide to Philosophical Logic*（ed. L. Goble），pp. 385 - 414.

Jonathan Bennett（2003）. *A Philosophical Guide to Conditionals*.

★ Irving M. Copi（2016）. *Introduction to Logic*，14th edn.

1.8 从物/从言

乔尼·登爵斯早就想要成为一位著名的摇滚歌星。终于有一天，他登上了排行榜的榜首，而且他的面孔也出现在《滚石》（*Rolling Stone*）杂志的封面上。或许，你认为他已经实现了自己的梦想，但事实并非如此。因为他想成为的是米克·贾格尔（Mick Jagger）①，而不是做自己。

---

① 英国摇滚乐手，滚石乐队创始成员之一，乐队主唱。

登爵斯阐明了"从物"（de re）和"从言"（de dicto）的区别，若未能揭示两者间的差异，便会引起很多麻烦。这个区分涉及"信念"（beliefs）、"欲望"（desires）和"必然性"（necessities）三个方面。首先，就欲望而言："乔尼·登爵斯想要成为一位著名的摇滚歌星"是有歧义的，因为"一位著名的摇滚歌星"可以指任何一个人，只要他或她著名，且是摇滚歌星；或者，它可以特指一位具体的摇滚歌星。假如你的欲望属于第一种，那么它便是从言的［de dicto，字面意思是"所说的内容"（of what is said）］；假如你的欲望属于第二种，那么它便是从物的［de re，字面意思是"所指的事物"（of a thing）］。再举一个例子，如果我说"我想买一辆保时捷911"：假如我的欲望是从言的，那么任何一辆保时捷 911 都行；假如我的欲望是从物的，那么我头脑中就有一辆特定的保时捷 911，或许是我的邻居为了腾空车库而降价抛售的那一辆。

就信念而言，从言与从物的区分遵循相同的模式。例如，某阴谋论者说，她相信 FBI 特工曾经击杀了肯尼迪总统。假如她不知道是哪位 FBI，那么这个信念就是从言的；假如她相信是某位特定的FBI，那么这个信念就是从物的。

在宗教领域，这个区分尤为关键。比如，就信念"救世主要降临了"而言：假如这个信念是从言的，那么信奉者便不知道救世主是谁，而只是相信他/她随时会降临罢了。相反，信奉启示录的基督徒则持有从物的信念，因为他们相信自己知道这个救世主是耶稣。

就信念和欲望这两个领域而言，从言/从物的区分可以通过它们涉及的范围进行区分：

从言：某人相信 x，抑或欲望（欲求、想要）x。

　　　　　例如：尼西相信一位 FBI 特工击杀了肯尼迪。

　　　　　登爵斯单纯想要成为一位著名的摇滚歌星。

从物：存在着一个 x，某人相信它，抑或欲望（欲求、想

　　　要）x。

　　　　　例如：存在着一位特定的 FBI 特工，尼西相信他击

　　　　　　　　杀了肯尼迪。

　　　　　存在着一位特定的摇滚歌星，登爵斯想要成为他。

必然性

　　就必然性的领域而言，从言/从物的区分同样十分重要。例如，假若莫奶奶是城镇里年纪最大的人，那么在何种意义上，她必然是城镇里年纪最大的人呢？从一种意义上讲，它明显是假的：城镇里很有可能曾经居住过比她年纪更大的人。这便是从言意义上的必然性。从另一种意义上讲，它又是真的：她已经 107 岁了，城镇里现在居住的人都比她年轻，因而她必然是城镇里年纪最大的人。这便是从物意义上的必然性。

　　显然，日常语言中我们无法区分这两种不同的必然性。就它们的形式而言，我们可以表述为：

　　　从言：必然（Fx）　　（必然，x 是 F）

　　　从物：x 必然是 F

　　然而，即便是受过哲学训练的人，也不能很轻松地区分"必然，莫奶奶是城镇里年纪最大的人"与"莫奶奶必然是城镇里年纪最大的人"之间的差异。

　　无论如何，这种区分都很重要。例如，人必然与他的大脑和身体保持同一。按照从言的理解：在任何可能的世界里，人都与他的大脑和身体保持同一。按照从物的理解：存在这样的可能世界，人可以与他的大脑或身体分离。可见，从物的必然性要比从言的必然性更弱势，但它仍是一种涉及必然性的表述，因而仍属于强势的判断。

运用和提及

　　有一种相关的区分也涉及词语和事物，并且更加直白，即"运用"（use）和"提及"（mention）的区分。运用词语，意味着我们在谈论它的意义；提及词语，意味着我们在谈论词语本身。比如，"夜色是灰暗的"之中，运用了"灰暗的"一词；"灰暗的是一个形容词"之中，提及了"灰暗的"一词。

　　混淆了"运用"和"提及"的区分，也可以导致很多误解，比如在争论"二加二是否等于四"的时候。有人认为，二加二并不必然等于四，因为"四"可能指的不是数字，而是其他内容。换言之，这种看法就没有抓住要点，因为在"二加二等于四"之中，我们运用了"四"，而非提及了"四"。

同时参见：

3.3*　歧义谬误与模糊笼统

1.16　必然性/偶然性

1.21　涵义/指称

4.7　可能性和不可能性

推荐读物：

Bertrand Russell（1905）. On denoting. *Mind* 14：479－493.

W. V. O. Quine（1956）. Quantifiers and propositional atti-tudes. *Journal of Philosophy* 53：177－187.

Leonard Linksy（ed.）(1971). *Reference and Modality.*

Paul Horwich（2001）. *Meaning.*

★ Kenneth A. Taylor（2002）. De re and de dicto：against the conventional wisdom. *Philosophical Perspectives* 16：225－265.

1.9 可撤销/不可撤销

就死刑引发的争论而言，人们通常会指出死亡判决和监禁判决之间的一个关键差异：判决某人有罪之后，英国法允许陪审团根据今后浮出水面的证据重新审议，假如必要的话，刑罚还有废除的可能。然而，死刑一旦执行，这个选项就不复存在了。死刑无法废除，因为它不可逆转。

死刑反对者通常都会利用这一点来证明极刑判决的不合理。按照哲学语言来说，以上问题的关键在于：法庭提供的证据和做出的有罪判决皆是"可撤销的"（defeasible）。这就是说，无论多么渺茫，根据新的证据而废除有罪判决的可能性始终存在。鉴于这样的判决不可推翻，对某人判处无法撤销的处罚是不合适的。只有在法院判决本身就不可撤销时，这种类似的处罚才能得到证成。［与之相关的一个哲学术语是："可修正的"（corrigible），即可以"矫正、改正"，它通常在近似"可撤销的"意义上使用。"可修正的"或

"可修正性"在实证主义者那里比较流行。]

可撤销性和知识

在哲学中，哪些论述可撤销、哪些论述不可撤销的争论已经延续了多年，它在有关知识类型的讨论中尤为常见。有人认为，假如一个观点属于知识，它在某种意义上就是不可撤销的。因为"知识"意味着它在客观上必然为真，而它既然是真的，那么就不可能随后又变成假的。因此，拥有知识就掌握了真理，由于真理不可变更（参见 1.4），真的知识也就不可撤销。

此观点的反对者认为，以这样的标准来要求知识太过严苛了。如果知识一定不可撤销，我们就很难获得知识，甚至可能从未获得过知识。例如，休谟曾说（虽然他始终没有使用过这样的术语），像数学和几何学这样的简单真理也只有在理论中才是不可撤销的；而在实践中，由于人类的弱点，数学和几何学的相关推理都是可撤销的。可见，随着人类经验不断丰富，我们关于世界的认知始终可能发生变化；甚至在数学领域中，人们也总会犯各种各样的错误。在这个世纪里，语义整体论者如奎因都认为，甚至像"1＋1＝2"的理论判断都是可撤销的，因为我们不能排除一些新的事实出现，或者一些重要的概念变化也会使我们修改这一主张（参见 1.3）。

由于先验/后验的区分受到了较多的质疑（参见 1.1），因而可撤销/不可撤销的区分现在发挥了更大的作用。它能够帮助我们区分暂时正确的命题与已经完全确定的命题。然而，假如你认为所有的先验真理都是不可撤销的，而所有的后验真理都是可撤销的，你的观点似乎就有点过时了。我们以前讨论的是我们的信念（如经验或理性）是否具有稳固的根基；而可撤销/不可撤销的区分则让我们思考，这些信念在原则上是否具有开放性，能否改变态度去反对它。

同时参见：

1.11*　确定性和可能性

2.1*　溯因推理

3.31*　可检验性

推荐读物：

G. P. Baker （1977）. Defeasibility and meaning. In： *Law, Morality, and Society* （eds P. M. S. Hacker and J. Raz），pp. 26 – 57.

★ George S. Pappas and Marshall Swain （1978）. *Essays on Knowledge and Justification.*

Keith Lehrer （1990）. *Theory of Knowledge*，Vol. 1.

Richard Swinburne （2001）. *Epistemic Justification.*

1.10　蕴含/蕴涵

这两个术语"蕴含"（entailment）和"蕴涵"（implication）[①]在日常生活和哲学中的用途，就近似于"溅泼颜料"和"抽象艺术作品"之间的关系：其中的一个是更有意识的设计安排；但两者都是凌乱的，都难以掌控。坦率地说，这两者之间的差异有时也难以言明。

---

① entailment，或译为"衍推"，以及"逻辑蕴含""语义蕴含"；相应地，implication 也可译为"实质蕴涵"。

蕴含

蕴含是这两者之中较为简单的那一个。通常情况下，哲学家们认为，假如演绎推理的形式有效，论证的前提就蕴含着结论。不过，逻辑学家们却把事情搞得更加复杂（他们这样做，我们也不会感到奇怪），他们认为某种蕴含的形式里存在着悖论。但这些问题还是留给逻辑学家们吧，因为它们实在太过复杂。

然而，逻辑学家们有时会以另一种方式运用"蕴含"。他们用它来表达"真值函数"（truth-functionality）之外的一种内容之间的联系。这就是说，依照标准命题逻辑的观点，在论证（以条件句的形式）之中，前提和结论之间（或前项和后项之间）的关系决定了论证的真假；就论证的真值而言，每个句子的真实含义是毫不相干的。问题在于，有时两个句子都是真的，但没有联系，因此就会引出奇怪的说法。例如：

1. 假如绿是一种颜色，那么铁是一种元素。
2. 绿是一种颜色。
3. 因此，铁是一种元素。

在标准命题逻辑中，这个论证过程是有效且可靠的（它的形式被称作"modus ponens"，即"肯定的方式"）。但问题是，"绿是一种颜色"与"铁是一种元素"之间没有真正的联系，纵使它们都是真的。"相干逻辑"（relevance logic，或译"相关逻辑"）对第一个前提的要求更加严格。为了说明前提和逻辑之间的联系不仅是形式上的，而且是蕴含的，关联理论家们（relevance theorists）要求两者之间还有其他联系。让我们再看以下论证：

> 1. 假如绿是一种颜色，那么它能被人类的眼睛观察到。
>
> 2. 绿是一种颜色。
>
> 3. 因此，它能被人类的眼睛观察到。

由于颜色与能见性之间有内在的联系，所以，这个论证属于相干逻辑（同样属于标准逻辑），其中的前提蕴含着结论。

蕴涵

与蕴含相比，"蕴涵"是一个更为宽泛的概念，它不仅包含着不同种类的逻辑关系，而且包括理念之间的不同联系方式。我们可以说"蕴涵"是所有真的条件命题[①]（形式是"如果 x，那么 y"）的属性。（注意，演绎论证也可被表述为条件命题的形式，如果前提是真的，那么结论就是真的。）

例如，"如果你站在雨中，没拿雨伞，并且没有其他防雨措施，那么，你就会被淋湿"是一个真的条件命题。这就表明，"站在雨中，没拿雨伞，没有其他防雨措施"蕴涵着"被淋湿"。"如果你站在雨中"是论证的唯一前提，那么我们得不出"被淋湿"的结论。由于"被淋湿"和"雨"之间没有本质的、内在的联系，所以我们才使用"蕴涵"一词。在这里，前项蕴涵后项，因为它们之间有因果关系，当然，前项和后项之间还可以有其他联系方式。

因此，这种形式的蕴涵亦是论证的根基，故而可被用于蕴含。

---

① 或译"假言命题"。

让我们来看以下论证：

　　1. 如果你站在雨中，没拿雨伞，并且没有其他防雨措施，那么，你就会被淋湿。

　　2. 你站在雨中，没拿雨伞，并且没有其他防雨措施。

　　3. 因此，你会被淋湿。

或许有人认为，我们之所以可以辨识"蕴涵"，正是因为它们能够用于"蕴含"之中。然而，我们需要注意的是：若只看前提 1 的话，它就不构成论证，而仅仅是一个蕴涵；要构建一个论证，我们还需要前提 2 和结论。

好的建议

与此处的讨论相比，这个区分带来的问题要多得多、麻烦得多。实际上，它们过于错综复杂，以至于想通过一篇文章梳理清晰，就必将失败。这样的文章要么长篇累牍、臃肿不堪，要么只会让人更加迷惑。例如，哲学家们已经注意到了"蕴涵"的多种表述形式：像"实质蕴涵"（material implication）、"形式蕴涵"（formal implication）、鲁道夫·卡尔纳普（Rudolf Carnap，1891—1970）的"L -蕴涵"（L-implication）理论，以及克拉伦斯·欧文·刘易斯（Clarence Irving Lewis，1883—1964）的"严格蕴涵"（strict implication）概念（有时，这个概念也被理解为"蕴含"）。

然而，通过这里的简短讨论，我们仍能学到一些东西。其一，假如能选用其他术语来表达自己的思想，我们最好慎用"蕴含"和"蕴涵"。比如，我们可以说"有效推理"或"真的条件命题"，而不要用蕴含和蕴涵。

其二，我们可以以粗略地区分这两个术语。比如，我们只在涉及有效推理时使用"蕴含"，在涉及真的条件命题时使用"蕴涵"，那么我们即便错了，也不会错得太过离谱。此外，这两个术语虽然有别，但偶尔也可以互用，这时你就可以使用它们，而且怎么都不会犯错。

同时参见：

1.2* 演绎

1.4* 有效性和可靠性

1.7 条件/双条件

推荐读物：

C. I. Lewis（1914）. The calculus of strict implication. *Mind* n. s. 23（90）：240 – 247.

R. Anderson and N. D. Belnap, Jr（1975，1992）. *Entailment：The Logic of Relevance and Necessity*.

J. Michael Dunn（1986）. Relevance logic and entailment. In：*Handbook of Philosophical Logic：Alternatives to Classical Logic*（eds D. Gabbay and F. Guenthner），pp. 117 – 124.

Stephen Read（1988）. *Relevant Logic*.

1.11　持续主义/接续主义

你可能听过赫拉克利特的一句老话："人不能两次踏入同一条河流。"这是因为这条河每时每刻都在变化。新的水流过河道，而河道本身也被侵蚀和沉积而改变。然而，我们称它为同一条河。我们甚至给这条河取了个单一的名字，而不是每时每刻都取一个新名字。而且，我们用单数来称呼这条河，而不是许多条河。当你思考这个问题时，它可能看起来很奇怪，但赫拉克利特似乎确实思考过这个问题。

处于不同位置的不同部分

哲学家们解决这个问题的一种方法是利用"时间部分"（temporal parts，或译"时间片段"）的观点。根据该观点，当我们说到"一条"河并给它命名时（例如，"亚马孙河"），我们指的不仅是眼前的河流，而且指过去河流的每一个时刻、时间部分或"时间切片"——根据某些说法，还指河流未来的时间部分。正如我们在空间上是由一些部分组成，我们的一些部分位于一个空间（我们的头在上面），而另一些部分则位于另一个空间（我们的脚在下面），所以对于"接续主义者"（perdurantists）来说，物体占据着不同的"时间位置"（temporal locations），因此它们的某一部分在一段时间里存在，而其他部分则在另一段时间里存在。爱因斯坦告诉我们，空间和时间是相互关联的，因此我们不仅可以在三维空间中思考宇宙，而且可以在四维时空中思考宇宙。那么，在四维现实中，物体就产生了一条由点连续而成的线。

在这个模型中，时间可以被认为是一盏狭窄的聚光灯，沿着单一的方向穿越时空，只照亮现在。通过这种方式，接续主义者更新了柏拉图的时间理念，即他在《蒂迈欧篇》（*Timaeus*）中所表述的"永恒的运动图像"（37c－e）。对于接续主义者而言，时空是典型的永恒存在，因此在某种意义上，他们认为所有的时间切片都是存在的。甚至可以说，每一个时间切片对于任何个体而言都存在于当前。奥古斯丁（Augustine）在他的《忏悔录》（*Confessions*）第 11卷中描述了类似的东西，他推测，虽然对于人类来说有过去、现在和未来，但对于永恒的上帝来说，所有的时间都是当下的。

像蠕虫或面条一样的物体

理解接续主义的另一个类比是，把事物构想为由一系列时间部分所组成，而这些部分至少可以追溯到过去，它们仿佛就像是一只只穿越时空的蠕虫。事实上，有些人把这种想法称为"蠕虫理论"（但不要跟天体物理学中的虫洞搞混了）。在 1969 年的小说《五号屠场》（*Slaughterhouse-Five*）之中，库尔特·冯内古特（Kurt Vonnegut）在刻画被称为"特拉法马多尔人"的外星人时就采用了接续主义的这种观点。特拉法马多尔人可以同时看到过去、现在和未来，所以对于他们来说，大多数人看起来有点像毛毛虫，一头是婴儿，另一头是老年人。当特拉法马多尔人仰望天空时，他们看到的不是光点，而是像意大利面一样的东西，每根面条都是一颗恒星或行星历经时间的运行轨迹。

解释关于过去和未来的有意义的语言

究竟为什么会有人愿意接受这种奇怪的观点呢？要回答这个问题，就要对哲学家的思维方式有所了解；实际上这涉及哲学方法本身。哲学家们经常为这样的问题所困扰："是什么使这成为可能?"

"什么是实现这种可能性的必要条件？"就接续主义而言，哲学家们正在回答这样的问题：既然过去和未来并不是现存的，那么我们如何有意义地谈论它们？与此相关的是，亚里士多德（Aristotle）在他的论文《解释篇》（*De Interpretatione*）的第 9 卷中想知道的是，关于未来的陈述应该被认为是真还是假。对于接续主义者来说，假如未来不存在，那么关于未来的陈述甚至都没有意义。关于过去，亦是如此。

　　接续主义似乎也回答了这个问题："我们怎么可能有意义地把随着时间流逝而不一样的东西称为相同的东西——比如赫拉克利特的河？"我们可以这样说，因为河流的名字不仅指此刻的河流，也指河流的所有时间部分，包括过去和未来。"亚马孙河"这个名字代表了今天的这条河、几千年前的它，以及未来这条河无论持存多长时间，指的都是这条河。当然，"所有时间都存在"的想法暗示了时间旅行的诱人可能性，只要人们可以改变时间的方向，或者从一个时空点跳跃到另一个时空点，就像马德琳·英格（Madeleine L'Engle）的科幻小说《时间的皱折》（*A Wrinkle in Time*，1962）中的人物那样，使用"四维超立方体"（tesseract）做到这一点。

事物穿越时间的持续性

　　与接续主义相对的是"持续主义"（endurantism）。持续主义者认为，事物在一定时间内持续存在，因此它们本质上或全部都以适当的方式是现存的。对于持续主义者而言，过去和未来都是不存在的，这种立场通常被称为"现存主义"（presentism）。

　　持续存在似乎对人特别有意义，对于许多思想家来说，人是作为完整的自我跨越时间而存在的，即使他们在许多方面发生了重大变化。（顺便说一下，其他一些思想家对于个人同一性持有一种接续主义的观点，认为人是由不同时间的各个"个人阶段"所组成。）对于一些人来说，持续存在似乎也能更好地理解"相同性"（sameness）或跨越时间的"同一性"（identity），因此人们可以有意义地说，例如"今天挖我花园的狗和昨天毁花园的狗是同一只"。

马丁·海德格尔（Martin Heidegger，1889—1976）在《存在与时间》（*Being and Time*，1927）一书中指出，就像许多接续主义者设想的时空切片面包一样，一个非时间的存在是没有意义的，因为在时间的流动中，这里而非那里、现在而非以后才有意义。无论是凝固的瞬间，还是任何一种非时间的存在，在任何维度中都不是现存的，无论是时间维度还是空间维度。运动的手电筒的比喻并没有解释或阐明时间，而是预设了时间。另外，有没有可能有些事物持续存在（比如，有意识的自我同一的存在者），而另一些事物接续存在（无生命的物体）？也许假以时日，答案会变得清晰起来。

同时参见：

1.12　本质/偶性

1.16　必然性/偶然性

2.7　莱布尼茨的同一律

推荐读物：

J. M. E. McTaggart（1927）. *The Nature of Existence*，Vol. 2.

David Lewis（1986）. *On the Plurality of Worlds*.

★ E. J. Lowe（2002）. *A Survey of Metaphysics*.

★ Stephen Mumford（2012）. *Metaphysics：A Very Short Introduction*.

1.12　本质/偶性

　　歌手、演员麦当娜以擅于重塑自我而闻名于世。在她的职业生涯中，她改变过的形象包括：时尚的布鲁克林女孩，性感的、宗教性的女性施虐者，好莱坞女郎，久经世故的女人，牛仔女郎，以及其他一些具有不同人格特色的人物。

　　但在亚里士多德的目的论中，这些改变不过是偶性的。这并不是说，改变是计划之外发生的事。实际上，麦当娜的成功很有可能正是精心设计的结果。在亚里士多德那里，"偶性"（accident）概念有着独特的内涵。

　　"偶性"在亚里士多德的术语里是指：某事物的本质之外的属性——换言之，假如获得或丢失了这些属性，该事物仍然是其所是。［之后的哲学家也把这样的属性称为"特性"（attributes）或"模态"（modes）。］

　　相反，事物的"本质"（essence）则使该事物是其所是；因此，清楚地表达了事物的本质，也就界定了这个事物。

　　只要事物存在，它的本质就不会发生变化；然而，它的偶性则可以来去自由。这就是为什么亚里士多德把事物的本质也称为该事物的"实体"（substance，希腊语 ousia）——字面上即是"保持不变"的意思。亚里士多德继承并修改了他的老师柏拉图的观点，认为事物的实体在根本上就是它的"理念"或"型相"（form，eidos or morphos）。因此，按照这些术语，麦当娜的偶性包括她的着装

风格、外显性格、发型和发色等，但她的本质是：她是一个人。无
论她如何改变自己的衣着，她始终是一个人；假如她的本质是特殊
的，那么她始终是"麦当娜·西科尼"这个人。（请注意，在柏拉
图和亚里士多德的传统中，大多数哲学家都认为本质只能是普遍
的，而不能是特殊的。）

历史中的演进

在哲学史上，这两者之间的区分表现出了不同的形式。亚里士
多德的自然科学使用它们，界定何种特性能够决定自然实体的本
质。（相反，现代自然科学并不怎么关心物体的本质，而更倾向于
探索自然现象背后的自然律。）我们在笛卡尔著名的《第一哲学沉
思集》（*Meditations on First Philosophy*）中也能发现这样的研究，
他通过蜡的例子说明了物质世界的本质是什么。像亚里士多德主义
者一样，笛卡尔通过观察蜡融化的过程，去判断蜡的什么在改变、
什么没变。在他看来，形状、味道、体积、硬度都是偶性，而它的
本质在于：它是一个"有广延的事物"（res extensa，广延物）。进
而，笛卡尔开始考虑自身，认为整个肉身都不过是他的偶性，而他
的本质在于：他是一个"思想物"（res cogitans）。

从笛卡尔那里，我们可以看到这个区分的基本变化轨迹。笛卡
尔的观点大致类似于：本质界定了构成事物的实体（偶性可以独立
于本质而存在）；而在经院哲学家和亚里士多德主义者那里，偶性
不能独立于本质而存在，因此，偶性根本就不是构成事物的实体。
例如，颜色是一种偶性，它不是实体，而仅是实体的属性。（颜色

不能独立存在，它必须是某事物的颜色。）①

　　通过审视这些问题，笛卡尔引出了一个彻底的变化：我们在研究实体、本质和偶性的过程中，首要问题不再是"事物是什么"，而是"我们如何认识事物"。因此，对于笛卡尔和斯宾诺莎而言，以及对于他们之后的许多哲学家而言，构成事物的实体必须被设想成一个独立存在的实体。例如，在《第一哲学沉思集》的第六个沉思那里，笛卡尔轻易地将心灵与身体区分开了，他认为两者并不依赖彼此，皆可以独立存在。

　　从康德到黑格尔、维特根斯坦（Wittgenstein）、胡塞尔（Husserl，1859—1938）、海德格尔、德里达（Derrida，1930—2004），思想家们以不同的方式继承了这个方法，并加以修正：近年来，他们通过观察语言，而非思想、结构，去了解事物是什么。

　　就现今的形而上学而言，大多数哲学家都拒斥"本质"概念，至少拒斥古典理论中的本质。面对现代经验主义和语言哲学的批判，实体理论几乎都已经"撞死在沙滩上"了。这些批判包括：传统实体理论涉及形而上学的预设，但我们无法根据经验证实这样的预设；它们对于我们了解现实没有任何帮助；在某种意义上，它们是毫无意义的（参见 3.3）。

政治担忧

　　近年来，许多思想家认为"本质"概念是虚伪的、狭隘的，甚

---

　　①　简单地说，这里的意思大致可被表述为：亚里士多德那里的"颜色"不能独立存在，不是一个实体；笛卡尔那里的"颜色"可以独立存在，是一个实体。

至是压迫性的。存在主义者以"存在先于本质"的口号而闻名于世。他们的意思是：我们是谁，取决于我们的选择；并非上帝、或本质、或社会决定了我们是谁。女性主义哲学家已经熟练地表明，许多对女性本质的界定，最终都把女性归于一个受限的、被支配的地位，并以不适合为由，将她们排斥在许多领域之外（比如选举、接受高等教育、拥有或管理财产，参见 3.4）。还有一些思想家甚至认为，所有研究人类本质的思想都应该被否定（参见 1.15）。

情景方法

我们还可以根据具体情景，使用事物的本质与偶性这两个概念。当某金属是汽车发动机的零件时，该金属的颜色是偶性；当某金属被制成雕塑时，该金属的颜色便是本质。换句话说，作为发动机的零件，金属的颜色是偶性；作为雕塑，金属的颜色是本质。因此，我们可以在这个意义上运用本质和偶性，而回避它们在形而上学领域造成的麻烦。换言之，我们不必用它来分析事物的实体，而仅视它为一种有用的工具。正是沿着这样的思路，琳达·艾勒考夫（Linda Alcoff）提出了"关系结构"（positionality）概念。

就此而言，麦当娜便是一个恰当的例子。她的许多崇拜者都声称，她是后现代人类的典范，她的本质从未发生变化，她只不过改变了一系列偶性。[①] 但假如麦当娜真的穿越到了亚里士多德或笛卡尔的时代，那么她肯定会说，压根不存在本质这种东西。哲学家或许不会用麦当娜作为研究本质的例子，但生活中的人们总有自己的用法。

---

① 无论怎么改变，她都是麦当娜。

同时参见：

1.1　先验/后验

1.16　必然性/偶然性

1.17　必要/充分

1.20　实在论者/非实在论者

推荐读物：

Aristotle（fourth century BCE）. *Metaphysics*，Bks 7，8，9.

★ John Locke（1689）. *Essay concerning Human Understanding*，Bk 3，Ch. 3，§ 15.

Saul Kripke（1971）. Identity and necessity. In：*Identity and Individuation*（ed. Milton K. Munitz）.

Linda Martín Alcoff（1988）. Cultural feminism versus post-structuralism. *Signs* 13（3）：405 – 436.

1.13　内在主义/外在主义

你能从哪里找到意义和思想呢？有人或许会说，在词语、言谈、写作中。但依据常识，这些不过是意义和思想的表象，而不是意义自身。若要找到它们，你就需要往人的头脑中看（只是比喻），它们就坐在理由和辩护的旁边。

然而，假若你在哲学家面前把某事物形容为常识，那么这就像是画了个靶子，静候冰雹般的子弹。希拉里·普特南（Hilary Putnam）的目标很明确，他曾写道："不管你怎样理解，'意义'就是不在头脑之中！"其他思想家表达了对理由、辩护和思想的相同理解，尽管没有这么生动。像普特南这样的思想家都属于"外在主义者"(externalists)；假如认为意义、理由、辩护或思想都在头脑（或者说心灵）之中，这样的人便是"内在主义者"(internalists)。（但请注意，一个人可以对某问题持外在主义的观点，但对另一问题持内在主义的观点。外在主义与内在主义有多种形式，我们在此主要谈论以下三种。）

思想和意义

"语义外在主义"的观点是：词语的意义并不取决于使用词语之人的头脑。在著名的"孪生地球"思想实验中，希拉里·普特南表达了自己的这个立场。设想一个世界，万事万物都与地球完全一样，但在那里，他们称之为水的事物并不是由 H_2O 构成，而是其他的化学结构，称作 XYZ，它和地球的水能起到完全相同的功效。假如地球上的人与孪生地球上的人并没有学习过分子生物学，那么他们头脑中对两种水的理解就是完全一样的。但显然，"水"在两个地球上所指的事物并不相同。这意味着，"水"的部分意义必然在人的头脑之外。与外在主义相反，内在主义（与常识大致相同）认为：当人们使用词语时，词语的意义完全在人们的头脑之中。

"意义不在头脑之中"的想法可被扩展为：思想不在头脑之中，或者说，"心理内容"(mental content) 是外在的。例如，有人害怕发生一场大规模的流感：外在主义者认为，假如不将头脑之外的事物包含在内，这个人便不能识别害怕。或者说，假如你不知道流感是一种病毒且具有传染性，你就不会感到害怕。这种观点并非强调害怕在人的头脑之外，而是说：假如没有头脑之外的客观事实，人们就无法识别害怕。

相反，内在主义者则认为，无论人们害怕的内容是什么，只要他们感到害怕，他们就会害怕。假如那个人不知道流感、传染病是什么，这只能说明他的害怕是模糊的。换言之，人们无须知道外在世界发生了什么事情，人们自己足以识别什么是害怕。

实际上，就心理内容而言，很少有哲学家是纯粹的外在主义者，抑或纯粹的内在主义者。毋宁说，人们争论的是：哪些心理内容是狭隘的（内在的），哪些心理内容是宽泛的（外在的）。这并非简单地把心理内容划分成两种：许多人就认为，有些心理内容既是狭隘的又是宽泛的。

理由

在道德哲学中，内在主义与外在主义的区分涉及理由。假如你有做某件事的内在理由，那么这个理由就会激励你；假如你有做某件事的外在理由，那么你就能理解它是理由，但它未必会激励你。例如，你相信杀人是错的，因此你就有了不杀人的理由。然而，这个理由却无法影响你的动机，你就是特别想去杀人，你发现自己无论如何都有动机去谋杀某人。就这种情况而言，你不去杀人的理由是外在的，而非内在的。

至于这种区分是否站得住脚，道德哲学里也有很多争论。例如，伯纳德·威廉姆斯（Bernard Williams，1929—2003）就认为，所有的理由都是内在的。换言之，假如你认同一个行事的理由，那么它便不可能不影响你的动机。当然，你未必一定按照这个动机行事。你可能真的相信谋杀是错的，这是不杀人的理由，这可能会影响你的动机，但不足以让你克制自己不去杀人。威廉姆斯的观点很简单，假如"杀人是错的"没有阻止你去杀人，那么你就没有真的认为"杀人是错的"；而且，你当然也不会把这种想法当作根本不去杀人的客观或外部理由。

辩护

第三种形式的内在主义，也许是最著名的，则涉及如何为信念或知识辩护。为内在主义辩护的人坚称：为知识辩护的所有一切，都可以而且必须存在于一个拥有知识之人的大脑之中；或者说，至少这一切都可以归于一个真正拥有知识之人的反思意识。（有时，我们可以说"拥有"一个合理的信念，即使我们当时并没有考虑到相关的辩护。）换言之，假如你想判断某人的知识是否得到辩护，你仅需求助于所有相关的信念、精神状态，以及在这些信念和状态之间已经存在或者可能存在的一系列有意识的推理过程。相反，为外在主义辩护的人则坚称：辩护的必要因素不在头脑之中，而在外部世界之中。这种外在主义者认为，人的思想或意识中存在（或可能存在）的东西永远不足以定义知识，因为我们必须要通过外部世界来核实自己是否掌握了真正的知识。

可见，外在主义与内在主义有多种不同的形式。但是，相同的术语在这两者中都适用，这并非偶然。不管你怎么理解，所有形式的外在主义者都会说，至关重要的东西反正不在人的头脑之中。

同时参见：

2.11* 思想实验

1.19 客观/主观

1.20 实在论者/非实在论者

1.23 句法/语义

推荐读物：

★ Hilary Putnam（1975）. The meaning of "meaning". In: *Philosophical Papers: Mind, Language and Reality 2*, pp. 215 - 271.

★ Bernard Williams（1981）. Internal and external reasons. In: *Moral Luck*, pp. 101 - 114.

Hilary Kornblith（ed. ）（2001）. *Epistemology: Internalism and Externalism.*

Sanford C. Goldberg（ed. ）（2007）. *Internalism and Externalism in Semantics and Epistemology.*

Sanford C. Goldberg（ed. ）（2015）. *Externalism, Self-Knowledge, and Skepticism.*

1.14 亲知的知识/描述的知识

说法语的人比说英语的人有一个哲学上的优势，因为他们已经在他们的语言中嵌入了一种我们必须明确指出的区分。在英语中，我们"知道"（know）（1）人、（2）事实和（3）如何做事；但将"know"翻译成法语时，我们却不能用同一个词语来表达上述三种情况。谈论知道人和地点时，法语用 connaître；谈论知道事实时，法语用 savoir。savoir 也可以和另一个词连用，以表达知道如何做事，即 savoir-faire，也就是英语中的"know-how"（知道-如何）。你有没有注意到，你可能知道如何做一件事（比如演奏大提琴），但却无法将这种知识用语言表达出来？

savoir 和 connaître 背后所表达的想法之间的差异是古老的，例如可以追溯到亚里士多德那里，但它仍有着鲜活的生命力。在英语中，若要表达 savoir，我们就要使用词组"命题性知识"（propositional knowledge），即了解事实或理论的知识。［德语中有类似的区分，即 wissen 和 kennen 之间的区分；希腊语中也存在着一种并非与之毫无关联的对比，即理论性的 epistemē 和实践性的 technē 之间的对比。古代英语则使用形容词 canny（精明的）来描述某个人具有"如何去做的"或"熟悉的"知识，但这个词在很大程度上已被人遗忘了。］简言之，我们可以区分：

1. 知道：事实、命题、理论（savoir）。

2. 熟悉意义上的知道：知道某个地点、人或宠物（connaître）。

3. 知道如何去做：知道如何完成一件事，或较好地做出某个具体的行为动作（savoir-faire）。

让我们先暂时把 savoir-faire 放在一边，因为英语世界的哲学真正关心的是 connaître 和 savoir 之间的区分（即便以下谈到的内容，并非完全对应于这两个法语单词的具体含义）。

罗素的方法

伯特兰·罗素（Bertrand Russell）在哲学上区分了两种不同类型的知识。第一种知识（更接近于 connaître）是"亲知的知识"（knowledge by acquaintance，或译"通过熟识而获得的知识"）。这种知识源自我们对事物的直接了解，即通过直接观察而非他人描述。罗素认为，我们直观上能够了解到的事物一般包括感官知觉（声音、视觉、口味、气味和感觉）、记忆、反省、普遍概念（如圆形、数字和兄弟），以及我们自己。

　　对于罗素而言，亲知的知识是所有知识的根基。也正因为它，才有可能出现第二种知识："描述的知识"（knowledge by description，或译"通过摹状词而获得的知识"）。这样的知识可以分为两种：

　　　　1. 限定性摹状词①（那个如此这般，比如那只猫）。
　　　　2. 非限定性摹状词（一个如此这般，比如一只猫）。

其中，"如此这般"（such and such）代表的是一个单词或一系列词组，它们是亲知的知识。

　　就此而言，罗素认为，我们获得总体性知识依靠的是 connaître，但我们获得个体性知识却依靠描述。因为，我们不能直接认识一个具体的人，而只能感知他的体型、声音等。于是，当我们说"我们认识王后"时，"王后"和所有专有名词一样，是一种简略的描述，它特指一个实体或一组感官知觉，而非其他："我们每周一起喝茶的白头发女人"。请注意，这种描述所包含的知识全都源于亲知。

　　总之，罗素的理论大致是说：我们通过亲知认识的是感官知觉和普遍概念（白色、头发、女人，等等）；依据这些内容，我们能够得到描述的知识（我们每周一起喝茶的白头发女人）。当这些描述词是限定性摹状词，而不是非限定性摹状词时，我们便可以用缩写的专有名词（伊丽莎白二世）来代替它们。

---

　　①　限定性摹状词，即 definite description；非限定性摹状词，即 indefinite description。前者主要指使用英语定冠词"the"的摹状词，而后者则使用"a"。

知识的用途

但是，我们能够用限定性摹状词来描述"知道"这个专有名词吗？维特根斯坦以及他之后的 J. L. 奥斯丁（J. L. Austin）都提出了这个问题。换言之，"知道"是指某种特定的心理状态（比如直接的情感、观念，或"观念的关系"①），抑或它能帮助我们做某件特定的事情（比如在正确的语境下用正确的方法说出了正确的词语）？能够做某些事情取决于一个人在某地拥有亲知的知识，这一点重要吗？维特根斯坦的观点似乎在他的哲学生涯中发生了变化，但他最终认同了这样一种观点：认识是一种行动。而其他人，如阿尔文·普兰丁格（Alvin Plantinga，1932—　）和鲁道夫·卡尔纳普则反对他的结论，试图维护知识是一种亲知的知识。

工具的使用

正如这本书中的其他概念和区分一样，我们在这里浓缩了一个高度具体的理论，从而省略了与之相关的许多争议。罗素的摹状词理论中有太多的问题，我们甚至可以用一生的时间去研究它（有些人正是这样做的）。然而，无论我们是否同意罗素的论证，我们同样可以从这个理论中汲取到一些值得学习的内容。

最基本的是，回到讨论的起点，除非我们能够在"知道事实"（知道某个地点、人或宠物）与"知道如何"（知道如何去做某件

---

①　休谟的术语，参见 2.4。

事）之间做出区分，否则我们将陷入无止境的争论之中。在试图理清这个问题的过程中，罗素关于亲知的知识与描述的知识的区分似乎很有帮助，即便两者之间的界限太过模糊，甚至是错误的。有些事情我们知道，是因为我们意识到它们；而有些事情我们知道，是通过我们可以做的事情——在这种情况下，就是对它们给出某种解释说明。

　　除此之外，还有很多争论和分歧。但从某种意义上说，区分亲知的知识与描述的知识只是一个开始，而并非终点。假如你还没有掌握它，那么你最多不过是一个哲学的初学者。即便你知道了这个区分，你也不可能在不引起争议的情况下使用它。就像战争中的战壕一样，它不能帮助你前进，却能防止你被轻易地击溃。

同时参见：

1.21　涵义/指称

1.23　句法/语义

4.1　基本信念

推荐读物：

Bertrand Russell（1912）. *The Problems of Philosophy*.

Ludwig Wittgenstein（1953）. *Philosophical Investigations*.

J. L. Austin（1962）. *How to Do Things with Words*.

★ J. Dancy，E. Sosa，and M. Steup（eds）（2010）. *A Companion to Epistemology*，2nd edn.

1.15　心灵/身体

　　哲学系的学生经常最早涉及的哲学史上的著名问题便是——心

灵/身体问题。简言之，这个问题是：心灵和身体之间的关系是什么？两者是否可以分离，以至于心灵可以脱离身体而存在？它们会随意地相互作用吗？施力的方向是双向的抑或单向的？心灵是否依赖于身体，因此，尽管它们彼此非常不同，但心灵不能离开身体而存在？或者，心灵是否可以还原为身体，也就是说，心灵本身就是身体？还是别的什么？

心灵、灵魂、理智的漫长家谱

这个问题在哲学史上源远流长。古希腊哲学传统通常使用一个单一的术语——psychē〔英语中的"phychology"（心理学）一词就是从这个词衍生出来的〕——来指代我们今天所说的"心灵"和"灵魂"，而希腊人则用 dianoia 和其他术语来指代"思考"或"思想"。拉丁语区分了 mens〔心灵，"mental"（精神的）一词由此而来〕与 amina〔灵魂，"animate"（有生命的）与"animal"（动物）的词源〕，该区分接近现代的用法。英语中的"soul"（灵魂）一词源于日耳曼语-古英语。《圣经》希伯来语中表示"灵魂"的词是 nephesh，而表示"心灵"的词大致是 lebab；阿拉伯语中表示"灵魂"的词是 rūh，表示"心灵"的词是 nafs。

在正统的柏拉图主义中，哲学的工作围绕着 psychē 的一种向上的运动而展开，因为它通过理性的辩证法将自己从身体的禁锢中解放出来——这种禁锢导致了灵魂的邪恶、无知，以及本体论上的贬损，而它表现为日常生活中的许多意见与"表象"（phainomena）。换句话说，柏拉图认为身体是错误的主要来源。甚至在柏拉图之前，阿那克萨哥拉（Anaxagoras，约生于公元前 510 年）就认为，宇宙运行不仅是由物理进程决定的，而且取决于一种宇宙理智或努斯（nous）的主观秩序。毕达哥拉斯（Pythagoras）、赫拉克利特、恩培多克勒（Empedocles）等公元前 5 世纪和公元前 6 世纪的希腊人，也对灵魂及其在世界上的运作方式感兴趣。后来，受柏拉图的《蒂迈欧篇》（34b）的启发，柏拉图学派的哲学家们接受了物理宇宙拥有"世界灵魂"（anima mundi）的观点，这一观点一直流行到现代早期。

对于亚伯拉罕宗教传统（尤其是基督教）的哲学家们来说，他们关注的不是错误，而是罪恶和不朽。灵魂能离开身体而存在吗？它能不受身体欲望的支配而自由行动吗？它能在身体死亡后继续存在吗？亚里士多德在他的专著《论灵魂》（De Anima，412a）的第 1 卷中花了大量篇幅对 psychē 进行讨论，既将其描述为身体的"形式"（eidos，因此与身体不同；414a20），还将其描述为身体的"现实"（entelechia，因此与身体相结合；412a27，413a3 - 5）。他在一句被广泛研究的句子中写道："Psychē 是具有潜在生命的自然躯体的首要实现。"亚里士多德还将 psychē 描述为生命的原因（aitia；415b12 - 15），而且在第 3 卷第 5 节的几乎随意的评论中说，他所说的"理智或努斯"不仅可以与身体"分离"（430a17 - 18），而且是"不死和永恒的"（413a3 - 5）。

不同的性质

近代的哲学家们一直专注于笛卡尔在 1641 年的《第一哲学沉思集》中提出的论证，该论证提出了著名的"实体二元论"（substance dualism），即心灵和身体是不同的实体，可以彼此独立存在。笛卡尔认为心灵和身体是二元（无论是二元实体还是其他）的理由之一是：它们似乎各自拥有不同的和相反的属性。莱布尼茨的同一律告诉我们，具有不同的属性就是不同的东西。

　　据此来看，身体在空间上是延伸的，而心灵则不是，它在整个世界里始终是一个统一的整体（你不能用英寸来衡量一个思想；你在上班的时候，还可以把一部分心灵留在家里）。身体的行动是有原因或被引发的，而心灵则根据理由或理性行动（参见1.6）。身体是被决定的，而心灵则是自由的。身体是有限的，受限于现实，而心灵则可以思考无限，在无限的可能性中进行选择。心灵可以把注意力抛到空间和时间之外，而身体则似乎被困在此时此地。心灵是主观的、私人的（只有你自己直接知道自己头脑中在发生什么），而身体则是客观的、公开的（任何人都可以同时从多个方面去感知它）。那些想要证明心灵只不过是身体的人认为，这里的每一个差异都可以被证明是虚假的，或者精神性的性质可以被还原为身体。对于他们来说，心灵与身体截然不同是一个古老的神话，是一个想象中的"机器里的幽灵"（ghost in the machine）。

　　一种被称为"功能主义者"（functionalists）的理论家所追求的策略是，不把心灵视为一种实体，而视为身体的功能（在某种程度上，他们似乎回想起了亚里士多德把 psychē 视为身体的运动的观点）。功能主义吸引人的一个方面是，用它的术语来说，思考不必局限于大脑和人体。计算机和其他机器也可以被理解为思考，因为它们执行了思考的功能——记忆、计算、推理，等等。

困难问题

根据哲学家大卫·查尔默斯（David Chalmers）和约翰·塞尔

（John Searle）的说法，即便功能主义者、还原和取消唯物论者，都完全是从大脑或身体的其他因素来看待心灵，但仍然存在着一个令人头疼的问题："意识"存在是一个事实。无论怎么细分，意识包含的内容似乎就是比我们所知道的身体要多一些。似乎一个人可以知道关于神经元、电路、化学物质、神经和物理学的一切，但仍然不能完全描述意识。查尔默斯把这称为"困难问题"（hard problem）。事实上，这已经成为进化生物学需要解释的一个难题：当生物世界中发生的一切都无须提及意识就能被理解时，意识为何还要存在呢？我们到底为什么要有意识？从唯物论的角度来看，它似乎是多余的或虚幻的。哲学家们戏称这为"僵尸难题"（zombie problem）。为什么不能只有物理的僵尸，除了没有意识之外，在任何方面都和有意识的人类完全一样的生物，包括行为？人们也可以称之为"自动机难题"（automaton problem）。我们为什么不能是一种没有意识的生物-化学有机体呢？

　　与之相关的一个问题涉及弗兰克·杰克逊（Frank Jackson）所谓的"玛丽的房间"（Mary's Room）。想象一个名叫玛丽的女人，她一直住在一个纯黑白的房间里，但通过坚定不移地研究，她知道了所有已知的（甚至未知的？）关于光学、色彩理论、神经学、物理学等的知识，即便她从未亲自看到或感知到红色。难道她没有缺少什么东西吗？假如一个红苹果的图像突然出现在她黑白相间的电脑屏幕上，她难道不会得到一些新的东西吗？这就是哲学家们所说的"感受质"（qualia）。

成为一只蝙蝠是什么样

　　托马斯·内格尔（Thomas Nagel）从语言学的角度探讨了这个

问题。在一篇具有影响力的论文《成为一只蝙蝠是什么样?》("What
is it like to be a bat?")中,内格尔研究了询问某些事物"成为一个
X 是什么样?"这一问题的意义。我们可能无法给出答案的具体内
容,这就是说,我们可能永远无法准确地弄清楚成为一个 X 是什么
样,但这并不改变思考"它像什么、它是什么"是有意义的。

当我们接受"成为一个 X 是什么样"的说法是有意义的时候,
我们就承认了所讨论的 X 具有某种主观性或意识。进而,由于做出
如下区分是有意义的,即(a)对于一些事物,我们说"成为该事
物是什么样"是有意义的(例如,狗),(b)对于其他事物,我们
说"成为该事物是什么样"是没有意义的(例如,石头),那么我
们就接受了"具有主观经验"与"不具有主观经验"之间的区分。
马丁·布伯(Martin Buber,1878—1965)在 1923 年的《我与你》
(*Ich und Du*)中也提出了类似的观点,对于某些实体,一个人会
根据自己的"我"而称呼"你",而另外一些实体就仅仅是"它"
(es)。

然而,问题仍然存在,主观经验是否可以纯粹从身体的角度来
理解,或者内格尔的见解是否意味着还需要更多的东西?朱利奥·
托诺尼(Giulio Tononi)在《Phi:从大脑到灵魂的旅行》(*Phi:A
Voyage from Brain to the Soul*,2012)一书中提出,意识只是宇
宙的一个基本特征,一事物的意识程度取决于它处理了多少信息,
以及处理得有多好。也许,正如泛灵论者所说,一切事物都是有意
识的。你怎么看?

同时参见:

2.9*   还原

3.21*   蒙面人谬误

1.12　本质/偶性

1.22　基质/捆束

推荐读物：

Frank Jackson （1982）. Epiphenomenal qualia. *Philosophical Quarterly* 32 （127）：127 – 136.

★ David Chalmers （2002）. *Philosophy of Mind：Classical and Contemporary Readings*.

John R. Searle （2004）. *Mind：A Brief Introduction*.

Jaegwon Kim （2011）. *Philosophy of Mind*.

★ Jonathan Westphal （2016）. *The Mind-Body Problem*.

1.16　必然性/偶然性

有些哲学概念的区分散发着一种深奥的味道，但也有一些十分接近常识，必然性和偶然性的区分就属于后者。大体来说，它区分了一定如此发展的事物与仍有可能发生变化的事物。但具体指哪些事物？哲学家们很容易举出这样的区分，让我们来看以下例子。

事件和命题

通常情况下，哲学家们在讨论必然性和偶然性的时候会区分两种不同的类型。

在任何时候，无论发生什么，都始终是真的命题，就属于必然命题。简单来说，它包括两种：必然是真的命题，绝不可能是假的；必然是假的命题，绝不可能是真的。相反，偶然命题则指它碰巧是真的（或假的），但也有可能是假的（或真的）命题。在一定条件下，偶然命题可能是真的；但在其他条件下，它们又有可能是假的。

相对而言，必然事件则指事情必然是这样的状态，而不可能是其他状态。假如一个事件必然发生，那么它就不可能不发生。然而，假如一个事件是偶然的，那么它就既有可能发生，也有可能不发生。

数学真理，比如 2×2＝4，就可被视为必然命题的一个例子。根据"2""4""＝""×"的含义，"2×2＝4"一定是真的，没有其他可能性，因此它就必然为真。（当然，我们也可以用符号"2""4""＝""×"来代表其他事物，但这个例子并非属于这种情况，而是指它们本来的意思，因而"2×2＝4"就一定是真的。）

然而，假如看待一个历史真理，如"2001 年至 2009 年，乔治·W. 布什是美国的总统"，那么我们就很容易认同这个陈述并非必然是真的，它描述的事件也并非必然发生。假如当年佛罗里达的情况有所变化，那么经过 2000 年美国总统大选，就很有可能是艾伯特·戈尔作为总统入主白宫，而布什也就不过是州长而已。由于这个事件没有必然性，"2001 年至 2009 年，乔治·W. 布什是美国的总统"的事实也就只是偶然真理。

决定论、斯宾诺莎和必然性

因此，从概念上看，这个区分一目了然。但你也可以想象得到，一旦我们试图判断什么是必然的、什么是偶然的，争议就会越来越明显。例如，假若你是一个严格的决定论者，那么你就会认为，所有发生的事件都是不可避免的，它们皆是过去事件所引发的后果。依此观点，没有偶然发生之说，所有事件都是必然的，运气或自由意志毫无容身之地。在决定论者看来，"2001 年至 2009 年，乔治·W. 布什是美国的总统"同样是一个必然真理，因为历史上不会出现其他状况。虽然我们认为选举的结果可能会有所不同，但在决定论者的世界中，这个结果却是不可避免的。就这种观点而言，17 世纪哲学家斯宾诺莎就是一个著名的决定论者。他认为，所有事件必然发生，因此真的命题全都是必然真理。18 世纪哲学家伊曼努尔·康德则认为，从某个视角来看（从人类经验来看），我们栖居于其中的世界发生的所有事件都是必然的；但从另一个视角来看（从超越经验的形而上学世界来看），人类行为有时是自由和偶然的。还有一些哲学家——有时被称为"相容论者"（compatibilists，或译"弱决定论者"）——认为，如果我们正确地认识了人类行为，那么它们既可被理解成必然的，亦可被理解成自由的。

奎因和偶然性

从另一个极端来看，如果你认同奎因的"语义整体论"（semantic holism；参见 1.3，1.24），那么所有事件都是偶然的。我们此刻判定某事物是真的，但之后却又认为它是假的，这样的情况经常出现。像 $2 \times 2 = 4$ 这样的数学真理看似必然为真，但我们也不能排除其他可能性，例如这些符号的含义或许有一天就会发生变化，而我们也要重新调整我们的判断。

因此，虽然界定必然性和偶然性十分简单，但要精确地判断哪些真理是必然的、哪些真理是偶然的则困难得多。

例证：上帝存在

这个区分在哲学的许多领域中都随处可见，包括上帝存在的论证。假如上帝存在，那么上帝是必然的存在者，还是偶然的存在者？显然，上帝不可能是偶然的存在者，即"上帝存在，但也有可能不存在"是不可能的。换言之，上帝一定是必然的存在者，"上帝存在"一定是必然真理。通过说明存在是"上帝"概念的组成部分，就能证明上帝必然存在。因而，有些哲学家在试图证明上帝必然存在时，就指出"不存在的上帝"是自相矛盾的说法，这就相当于：必然的存在者并不存在。或者说，"上帝不存在"就如同"三角形没有三条边"一样，是自相矛盾的。在理性主义哲学家笛卡尔和斯宾诺莎的著作里，我们就可以找到这样的论证。坎特伯雷大主教安瑟伦（Anselm of Canterbury，1033—1109）就曾在《对话录》（*Proslogion*）中指出，这个论证有着稳固的立足点。甚至有些现代哲学家仍然坚信这个论证，如阿尔文·普兰丁格。上帝是否必然创造了世界，则是与该论证相关的一个神学问题。

问题：未来和排中律

亚里士多德在《解释篇》的第 9 卷中提出了一个有趣的问题，涉及我们对未来的讨论（1.11）。让我们思考这个陈述"明天将会发生海战"（公元前 480 年有人在萨拉米海战的前夜说了这句话）。很多人认为，这个陈述在当晚要么真要么假。但这里存在一个问题：假如这个命题在海战之前要么真要么假，那么这似乎就意味着未来发生的事件已经确定了，具有必然性。这个结论很难得到人们的认同。假如要维护未来事件的偶然性，那么我们就要认为：在明天结束之前，这个陈述既不为真亦不为假。但这个结论也难以得到人们的认同。因为这种做法不但在实践中难以执行，而且违反了基本的逻辑规律——排中律（陈述要么真要么假，不存在第三个选择）。

这个问题看起来非常简单，但这些概念中仍然存在着很多问题。可见，必然性和偶然性的区分虽然在常识中较为稳固，但在哲学家手中，它们还有许多难题需要解决。

同时参见：

1.1 先验/后验

1.3 分析/综合

1.5 直言/模态

1.17 必要/充分

推荐读物：

Aristotle (fourth century BCE). *On Interpretation*, Ch. 9.

Alvin Plantinga (1974). *The Nature of Necessity*.

Saul Kripke (1980). *Naming and Necessity*.

★ John Haldane and Roger Scruton (eds) (1990). *Logical Necessity, and Other Essays*.

★ Tamar Szabo Gendler and John Hawthorne (eds) (2002). *Conceivability and Possibility*.

1. 17   必要/充分

在什么意义上，我们说某人是一个人？在什么情况下，我们说某人拥有的是知识，而非意见或信念？这是哲学领域中非常重要的两个问题。若要回答它们，我们通常要从"成为一个人"或"拥有知识"的"必要"（necessary）条件与"充分"（sufficient）条件着手。充分条件是指"足以"（enough）使某事物成立的条件。必要条件是指某事物成立所"必需"（required）的条件。

我们可以通过日常生活中的一些例子，来说明这两种条件的区别和关系。成为英国公民是成为英国首相的必要条件，但不是充分条件。这就是说，某人要成为英国首相，他或她必须是英国公民；但他或她是英国公民，并不足以让他或她成为英国首相。即便满足了英国公民这个条件，成为英国首相仍然需要一些其他条件，比如赢得选票，等等。

在美国进行大笔投资且没有犯罪记录，是获得美国绿卡的充分条件，但不是必要条件。这是因为，获得绿卡还有其他方式，比如成为美国公民的配偶、拥有美国政府特别需要的某种技能，等等。

一或多、共同或分别

条件可以是单数，亦可以是复数。有些条件既可以是充分条件，亦可以是必要条件。具有 H_2O 的分子结构就是成为水的充分条件和必要条件。假如某物是水，那么它的分子结构就必定是 H_2O；

假如某物具有 H_2O 的分子结构，那么它就足以被称为水，而不需要任何其他条件。但是，如果某物是冰，那么不但它的分子结构要是 H_2O，而且在正常的大气状况下，它要低于 0℃，反之亦然。因此，这两个条件——分子结构和温度——共同构成了"某物是冰"的充分条件和必要条件。

定义中的应用

详细地列出充分条件和必要条件，是界定概念的一种常见哲学方法。例如，"掌握关于 X 的知识"的充分条件和必要条件包括：（1）你相信 X；（2）你能证实这个信念；（3）X 是真的。若要说你具有的是知识，就必须满足以上三个条件。因此，每个条件分别是必要条件，但三者共同结合起来，就成为充分条件。那么，"拥有知识"的充分条件和必要条件就是以上这组（三个）条件。

就个人同一性而言，在什么情况下，我们称一个人在这个时候和在其他时候是同一个人？对于这个问题，人们给出的充分条件和必要条件有几种不同的解释。有人认为，心理连贯性既是必要条件，亦是充分条件。依此观点，只要记忆、信念和个性始终存在，这个人就始终存在。还有人认为，心理连贯性是必要条件，但不是充分条件。因为身体连贯性也是必要的，即心理连贯性不足以说明你仍然活着，除非你的身体（至少大脑）依然存在。那么，按照这种观点，个人同一性的充分条件和必要条件，不仅包括身体连贯性，而且包括心理连贯性。当然，还有人认为身体连贯性就足以构成充分条件和必要条件了。

此外，还有一些哲学家完全拒斥充分条件和必要条件的理论模型，至少就它们在某个领域的应用而言。维特根斯坦认为，考虑某些事物的充分条件和必要条件就是一件很荒谬的事，比如"游戏"（game）。许多事物都属于游戏，但它们之间的共同点却不能被表述成一些条件，而更应被理解为一种"家族相似性"（family resemblance）。任何语言的正确应用，包括"知识"或"人"在内，都不能被强制地束缚在充分条件和必要条件的框架里。这个世界以及我们用以描绘世界的概念，都不是那么规整有序。因此，我们只有根据判断和观察，使用更为复杂的语言表述，才能确定某人是否真的拥有知识，或者某人经过时间变化仍是同一个人。

同时参见：

1.10* 定义

3.13* 标准

1.12 本质/偶性

推荐读物：

Ludwig Wittgenstein（1953）．*Philosophical Investigations*，§§65－71．

★ Patrick J. Hurley and Lori Watson（2017）．*A Concise Introduction to Logic*，13th edn．

★ Theodore Schick and Lewis Vaughn（2020）．*How to Think about Weird Thing*，8th edn．

1.18　无/是

"嘿，摩根！"安格斯说，"你在干什么？""哦，什么也没干

（无，nothing），安格斯。"摩根回答。"那个盒子里装的是什么？"安格斯问。"压根什么也没有（无）。"摩根说。人们讨论"无"如此之多，这真让人吃惊。哲学家们当然也对"无"这个话题感兴趣，或者至少对"无"这种性质（nothingness）感兴趣，尤其是要结合"无"的孪生兄弟——"是"（being，或译"是者""存在""存有""有"等①）——的研究。

巴门尼德的深远影响

在某种程度上，这一切都始于公元前 5 世纪巴门尼德（Parmenides，约前 515—约前 445）看似简单的坚持，即"是"（esti）无论如何都不能"不是"（ouk esti）。根据巴门尼德的观点，"是"（通常被理解为 being）必然是不变的，否则它就会从"是"变为"不是"。它不能有部分，因为它的一部分将不是另一部分。出于同样的原因，"being"必须是单一的、非时间的、永恒的、不可分割的、独立的和不动的。从某种程度上说，哲学家们从那时起就一直在努力修正或反驳他的主张。

巴门尼德结论中的一个方面被其他人认为尤其有问题，即他声称"多"（plurality）和"变化"（change）都是虚幻的。以各种形式出现的"无"可被用来解释它们。"无"也可被用来解释否定、差异、虚空，甚至时间性。因此，比如说，根据德谟克里特（Democ-

---

①　being 的译法不仅仅是一个语言学问题，更是一个哲学问题，甚至还要涉及中西语言和思想的差异性问题。迄今为止，学界依然有较多的讨论与争议。本书采用混译的方式，并尽可能清晰地表示出术语的同一性。

ritus）和伊壁鸠鲁（Epicurus）等古代原子论者的观点，现实是由
（1）不可分割的巴门尼德式的原子与（2）虚空或无组成的。虚空
使原子的运动成为可能。毕竟，它们必须要有一个可以移动的空
间，否则就会受到阻碍，完全无法移动。虚空也解释了物体之间的
差异或"他性"（otherness），因为假如两个物体之间没有虚空，那
么它们就会融合成一个物体。

绝对真空的难题

　　"是/存在"或实体之间必须要有一个空的空间，这个想法引出
了中世纪和早期现代物理学中的一个难题，也被称为"真空难题"
（problem of the vacuum）或"充实难题"（problem of the ple-
num）。空间要么是空的，要么不是空的而是充实的。空间看似是
空的，而且正是这种空的状态解释了运动何以可能。然而，如果空
间完全是空的，那么似乎就没有什么东西能把诸如行星之类的天体
彼此分开；但假如没有任何东西将它们分开，那么它们就会相互碰
撞。而且，假如它们周围没有任何东西，那么它们不应该下落吗？
因此，以笛卡尔为例的充实论者认为，空间一定是充实的空间，它
被某种东西填满了，或许是一种看不见的、常被称为"以太"
（ether）的东西。据此看来，太阳系就像一个巨大的漩涡，行星在
其中漂浮和旋转。牛顿主义者则倾向于真空，随着牛顿力学的地位
变得至高无上，"空间完全是空的"想法也变得至高无上。然而，
最近的量子场论再次指出，空间不是空的，而是充满了各种描述性
的场。

作为"无"的超验性与"是"

亚里士多德说，形而上学主要研究的是 being 自身［《形而上学》(*Metaphysics*)，Bk 1］，而柏拉图-亚里士多德关于型相和实体的想法，或许是几千年来思考 being 的最重要的模式。

中世纪多明我教会的哲学家邓斯·司各脱 (Duns Scotus，约1265—1308) 在反思这一传统时发现，有些术语不仅适用于特定的物体或实体，实际上也适用于几乎所有事物。像"true""one"，当然还有"being"这样的术语，超越了更具体的事物类别。毕竟，你谈论的无论是猫、属性、时间还是思想，所有这些实体都可以用"being"。它们存在。你可能会说，"being"是你能应用到事物上的最普遍的术语，它是所有事物都共有的东西。或许，"being"是某种我们能与上帝共有的东西。

现象学家马丁·海德格尔对司各脱关于 being 的观察印象深刻，并在《存在与时间》中指出，最普遍意义上的 being (德语为 Sein) 不可能是一种特定的实体或事物。它不可能是能量、具有广延的实体、原子或夸克、土-气-水-火、思想、型相(理念)或属性(如同许多西方的形而上学家所认为的那样)。以上每种都是一个特定的实体，而不是 being 自身。在海德格尔看来，"being"必然是相悖的"无"，或者说它必然不是事物 (no-thing)，而是一切事物的条件。

否定事实

考虑到海德格尔的洞见和对 being 之超验性的理解，这就提出了一个关于"无"的问题。假如"being"适用于所有事物，那么"无"又适用于什么呢？怎么可能去谈论、撰写、思考"无"呢？对于许多哲学家来说，只有当陈述是关于某些事物之时，它才是有意义的，才能是真的或假的。但按照定义，无（nothing）不是某物（is not something）。那么，我们又怎么可能写出有意义的句子去谈论"无"，甚至谈论"不是"呢？但我们不仅谈论"是"的情况，也会谈论"不是"的情况——"这个房间里没有犀牛""你不是杰克·肯尼迪""小妖精不存在"。这不是有点奇怪吗？哲学家们称这些为"否定事实"（negative facts）。我们之中的巴门尼德主义者会争辩说，这种话语有意义是不（！）可能的。（他们的这种说法难道不是违背了自身吗？）

"虚无主义者"［nihilists，字面意思即"无主义者"（nothingists）］并不认为没有事物存在，但本体论虚无主义者认为，没有事物存在是可能的，一个空的世界是一个可能的世界。比起那些担心关于"无"的语言有没有意义的人，其他虚无主义者走得更远，他们坚持认为，根本就没有任何意义或价值（至少没有稳定的、共享的意义）。还有另一个其他的话题是，有些理论家认为思考、写作和谈论否定事实，可以将人与其他动物区分开来。

存在主义的自由

否定的能力给存在主义者让-保罗·萨特（Jean-Paul Sartre，1905—1980）留下了深刻的印象，他是马丁·海德格尔的忠实读者。对于写作《存在与虚无》（*Being and Nothingness*，1943）的萨特而言，这种能力是人类存在的核心且无处不在。我们世界中的每一个事物都不是别的东西——桌子不是走在上面的猫，猫不是它周围的空气，等等。这种对于各种"无"和"差异"的设定（2.9）使意义甚至意识成为可能，特别是因为人类意识有下定义的特性，即不断地将自己与世界的其余部分和他人区分开来。对于萨特来说，成为一个主体就是永远要在它与客体的关系中否定自身。这也解释了我们的时间性。我们不仅仅是现存的。我们每时每刻都把我们的现在从过去中分离出来，把我们自己推向未来。意识永远不会安于它现在的自我（3.2）。我们总是并且已经超越了我们过去所是的样子，在永恒前进之中不再是我们曾经所是，并且超越了我们自己。不断转移的、否定性的前进永远不会停止，直到我们不再存在。因为我们永远都在区分"我们自己"和"他人与这个世界"，因为我们永远都在把自己从过去和现在不断转移到未来，因为我们的存在总是超越了自己，我们每个人对于萨特而言都是"虚无"（le néant）。

作为这种特殊的虚无，我们每个人不仅是有意识的，而且是自由的。对于萨特而言，自由实际上就是说"不"的活动，并且对于他来说，我们的存在就是一个持续的"不"、否定或虚无。认识到这一点，也就挫败了任何将我们每个人确定或固定为"存在"（l'être）而非"虚无"的企图（包括将人类理解为被自然法则、环境或社会环境决定的各种努力）。按照这种存在主义的方式，我们不是作为"是"而存在，而是作为"无"或自由而存在。

同时参见：

3.2　延异、解构主义和对"在场"的批判

3.6　海德格尔对形而上学的批判

3.11　萨特的"自欺"批判

推荐读物：

Allan B. Wolter（1946）. *The Transcendentals and their Function in the Metaphysics of Duns Scotus*.

Joseph P. Fell（1979）. *Heidegger and Sartre*.

Edward Grant（1981）. *Much Ado about Nothing：Theories of Space and the Vacuum*.

★ John Palmer（2009）. *Parmenides & Presocratic Philosophy*.

1. 19 客观/主观

考试或许是每个学生的噩梦，但它仍为人们所接受，这是因为成绩能够客观地评价学生的学习水平。而每个学生对自己的评价，则是主观的、不准确的。

我们经常做出这样的区分：我们会说新闻报道是"客观的"，但记者如果在报道中表达了过多的个人观点，就会被认为太"主观"了。我们会说味觉是"主观的"，但测量空气污染程度则是"客观的"。然而，客观/主观的区分到底是什么意思，我们真的明白吗？

假如一个判断或观点完全以个人独有的视角为根基，我们通常就把这样的判断称为"主观的"。我们认为这样的观点是偏狭的，或许未能考虑到所有的事实，或许未能超出个人的视角。然而，假如一个判断涵盖了所有的相关数据，摒弃了个人偏见，能与其他优秀和见多识广的人都达成共识，我们就说这样的判断是"客观的"。这意味着，我们认为这样的判断不偏不倚，无利害关系，以事实为根据，超越了个人的视角。

因此，主观性从属于主体（个体）的意识或思想，而客观性则独立于或超越了主体（个体）。当然，这个问题也会更加复杂，因为在不同的主体之间（比如，男人与女人之间、亚洲人与欧洲人之间、现代人与古代人之间），客观性就会变得不尽相同（环境不同），主体与客体的关系也会不同。那么，当主体间的差异（客观上）足够大的时候，是否还能实现客观性呢？

客观性和伦理学

在哲学的许多领域中，主观性和客观性之间的区分都十分重要。以伦理学为例，假如你说"欺诈是错误的"，那么它是否仅是你的主观判断呢？从根本上说，是否所有的道德行为判断都不过是一种主观判断呢？纵使道德判断能得到一部分人的认同，这也只不过是多个主观判断达成的共识。美学领域中存在着相同的疑虑：像"毕加索的《格尔尼卡》是一幅伟大的艺术作品"这样的判断，难道不是纯粹主观的吗？

有些哲学家咬紧牙关坚持认为，所谓的客观性不过类似于一群主体达成的共识，或他们共同的信念。有些则认为，无论主体是个体抑或是一群人，客观性都一定独立于或不同于主观性。还有一些人认为，一群主体达成的共识或许不是客观真理，但在实际中，这类"交互主体性真理"（intersubjective truths）起到了与客观真理相同的作用。依此观点，一旦我们摒弃了那种认为客观性独立于人类主观性的幻觉，交互主体性就是客观性所留存下来的本质所在。

知识、视角主义和解释学循环

不仅价值判断面临着是否能够独立于主观性的批判，知识本身亦是如此。真的存在客观知识吗？我们或许能够超越个人的视角，但我们始终局限在特定的人类视角中——这种视角一般植根于特定的历史和社会环境。换言之，我们对新生事物的解释，总要以已有的价值和信念为根基，这种现象被称为"解释学循环"（hermeneutic circle，或译"诠释学循环"）。我们真的能够超越解释学循环的怪圈，而得到不偏不倚的观点吗？

托马斯·内格尔曾在一本书中研究了这个问题，该书的书名也很好地把握到了这个问题的本质：《本然的观点》（*The View from Nowhere*，1986）。若主观性是一种特定视角（即"有所凭依之见"），那么客观性必然是一种"无凭无据之见"。但所谓"无凭无据之见"本身是否言之成理？我们对真理的"偶然一瞥"，必然要源于某个特定的视角吗？其实，这样的观点就是弗里德里希·尼采（Friedrich Nietzsche，1844—1900）著名的"视角主义"（perspectivism）——所有知识都要从某个特定的视角出发，因而根本就不存在客观性。

内格尔则以不同的方式回答了这个问题。他认为，我们与其把主观性和客观性看成硬币的两面，不如看成谱系的两个极端。其中，一端是纯粹的主观性，即完全基于主体个人特性的观点；另一端则是我们从未实现的客观性，即那些完全独立于特定视角的知识。在这两者之间，我们可以将不同的知识定位于不同的位置，即更具有客观性或更具有主观性。知识越是独立于特定的生活经验，就越客观。或许，知识永远无法成为绝对客观的，但这也无所谓。假如既不把客观性看成一切，也不否认它的价值，那么纵使无法完全根除主观性，我们仍然有理由追求更具有客观性的知识。

内格尔处理客观/主观之区分的方法，说明哲学家们不再简单地用二分法来看待问题。他们不再简单地认为主观性不好、客观性好，或者无论多么困难，只要有可能，就一定要追求客观性。今天，这个争论变得更加复杂，但基本术语的含义仍然没有改变。

同时参见：

1.11* 　确定性和可能性

3.16* 　虚假二分法

1.2 　绝对/相对

3.2 　延异、解构主义和对"在场"的批判

推荐读物：

Thomas Nagel (1986). *The View from Nowhere.*

Crispin Wright (1992). *Truth and Objectivity.*

★ P. K. Moser (1993). *Philosophy after Objectivity.*

★ Lorraine Daston and Peter Galison (2007). *Objectivity.*

1.20　实在论者/非实在论者

> 1628 年，威廉·哈维发明了血液的循环。

许多小学生或多或少都犯过类似的错误。由于我们往他们头脑

中填塞了过多的信息，谁发现了（discovered）这个，谁发明了（invented）那个，人类所有突破性的进展都掺杂在一起，以至于他们混淆了发现与发明。

其实，这些困惑的小学生已经在不经意间触及了一个更加深刻的哲学难题。当我们审视人类知识的所有领域时，从科学到政治学、从伦理学到美学，哪些是人类发现的，而哪些又是人类发明的呢？伦理学家尝试着发现什么是善吗，正如哈维发现心脏的功能一样？抑或伦理学家想要自己发明、建构一个道德体系，像乔治·斯蒂芬孙在1814年研制出世界上第一辆蒸汽机车那样？

实在论的多种类型

哲学意义上的"实在论者"是指这样一类人，他们认为寻求知识的本质在于发现。具体言之，实在论者相信无论我们发现与否，外在世界都是真实存在的。这种宽泛的实在论态度在所有的哲学主题中都有所体现。"本体论或形而上学实在论"（ontological or meta-physical realism），指各种实体独立于我们自己的心灵或主观经验而存在（例如，自然实体，如物质客体；抽象实体，如类、共相、数；超自然实体，如灵魂、上帝）。"知识实在论"（epistemological realism），指思想的真伪不依赖于我们是否知道，亦不依赖于我们是否相信。"道德实在论"（moral realism），指实践行为的善恶是客观的，不依赖于我们的道德评价。"审美实在论"（aesthetic real-ism），认为美是艺术品的真实属性，能被有鉴赏力的人发现。

实在论通常会被描述成"常识"，但在这里，两者或许有较大的差异。毫无疑问，常识一般认为自然物体是客观存在的，并不依赖于我们是否感知到它们，然而一旦谈及道德或艺术，常识就可能与实在论不同了。以艺术为例，许多人可能更同意美取决于观察者的眼睛，而不认为美是艺术品的一种真实属性。

非实在论的多种类型

做一个非实在论者有许多途径，这就是说，一个人可以相信很多确凿的事实，同时拒绝探讨它们是否代表或反映出一个独立的实体（知识实在论），或者拒绝承认真实存在的事物都独立于感知到它们的主体（形而上学实在论）。

就本体论而言，最主要的非实在论是观念论——该观点认为，客体的本质不是物质的，假若没有心灵或精神，它们就不复存在。（然而，观念论或许也可以被描述为一种实在论，因为它把客观的、形而上学的实体视为理想的存在。）就认识论而言，非实在论者就是一个相对主义者，他们认为真假总是取决于人类历史的、社会的或个人的视角。就伦理学而言，非实在论者就是一个主观主义者，他们认为对错的价值判断其实是主体赞同与否的情感表达。就美学而言，你可以认为人们对艺术品之美丑的评价只不过反映了他们的个人品味。在哲学的所有领域里，同样还有许多途径成为一个非实在论者。

照单点菜（À la carte）

你不用觉得自己需要在一个彻底的实在论者与非实在论者之间做出选择。因为你的立场可以根据讨论的问题而改变。例如，许多人在谈到外在世界时是一个实在论者，但在谈及伦理学和美学时却是一个非实在论者。伊曼努尔·康德就极端地将自己的思想同时称为"经验实在论"和"超验唯心论"。为了解决人们在实在论与非实在论之间的进退两难，还有一些哲学理论会构建一种新的理解方式去审视这些问题。现象学就是一个例子（参见 2.8）。实在论与非实在论之间的差异是显著的，但我们无须做出一次性的抉择，且将其贯穿于自己的所有哲学观点之中。

同时参见：

1.12 本质/偶性

1.19 客观/主观

4.10 怀疑主义

推荐读物：

Nelson Goodman（1978）. *Ways of Worldmaking*.

Hasok Chang（2004）. *Inventing Temperature*：*Measurement and Scientific Progress*.

★ Lee Braver（2007）. *A Thing of This World*：*A History of Continental Anti-Realism*.

Stuart Brock and Edwin Mares（2007）. *Realism and Anti-Realism*.

1.21 涵义/指称

众所周知，现代语言哲学肇始于戈特洛布·弗雷格（Gottlob Frege，1848—1925），他于 1892 年发表了一篇极具影响力的论文

《论涵义与指称》（"Über Sinn und Bedeutung"）①，该文区分了"涵义"（sense）与"指称"（reference）这两个概念，这是他留给哲学的财富。一百多年后，人们仍在使用、探讨和争论他的观点。

　　弗雷格为我们带来的例子足以阐明这个区分的基本原理。让我们看"晨星"（the morning star）与"暮星"（the evening star）这两个名词。凑巧的是，晨星和暮星指向同一个天体（金星）。因而在这个例子中，这两个名词虽然有不同的涵义，但却有相同的指称。它们的指称相同，因为它们指向同一个对象。它们的涵义不同，则是因为人们对每个词语的理解不同：就"晨星"而言，我们显然将其理解为早晨在天空中升起的一颗特定的星星；就"暮星"而言，显然是指夜晚在天空中升起的一颗特定的星星。我们即使不知道这两个词语指向同一个对象，依然可以根据涵义来使用它们。事实上，几个世纪以来人们都是这样做的。

　　除了名词之外，弗雷格还进一步将这个区分应用于命题。他认为，陈述命题可以被视为一个名词，因而像名词一样，有其涵义与指称。

没那么简单

　　到目前为止，一切还算顺利。但读者们应该有所警觉，这些理论很有可能不是你们想象中的那个样子。首先，有人认为涵义在某种程度上是主观的，况且弗雷格还曾指出，命题表达的"思想"（thought）就是它的涵义，而非它的指称。于是，涵义莫名其妙地

---

　　①　这篇论文有中译本，篇名被译为"《论涵义和意谓》"，参见《弗雷格哲学论著选辑》（王路译，商务印书馆 2006 年版）。

就等同于思想了，这也使它看上去就是主观的。假如从这个方面来讲，那么弗雷格根本不认为思想是主观的。实际上，思想是人们试图通过语言而彼此交流的内容，弗雷格也相信，语言背后的思想确实能够被交流。由于语言不是主观的，故而思想或涵义就是既定的，而非主观的。

然而，在弗雷格的理论中，最令人困惑的部分还是他对命题指称的解释。在讨论名词时，"指称"概念看上去简单易懂：你可以指着星星说，晨星就是它。但是，像"在路易斯维尔市，吉米·琼斯能够做出最薄的比萨"这样的命题，它的指称又是什么呢？对于这个命题的指称，你是无法指出的。

弗雷格认为，陈述命题的指称是能够使命题成立的一系列语境。弗雷格将其称为命题的"真值"（truth value）。但是，真值只有两个：真和假。因而，命题亦只有两个指称：真和假。这是个令人意想不到的结论。于是，所有真的命题的指称就是真，所有假的命题的指称就是假。

在某种程度上，涵义/指称的区分［就像内涵/外延（connotation/denotation）的区分一样］看似是一个有用的工具，能够帮助我们辨明两种不同特性的名词或命题。但是，从弗雷格哲学更宽泛的背景来看，这个区分其实是一种极为诡异的形而上学的组成部分。因而在通常情况下，我们要谨慎地使用这个工具，假如你使用过度，你就会发现自己需要接受一种对真理的特定理解方式，这或许是你不想要的负担。

同时参见：

1.10* 定义

3.21* 蒙面人谬误

1.14　亲知的知识/描述的知识

推荐读物：

Gottlob Frege（1892）. On sense and reference. In：*Translations from the Philosophical Writings of Gottlob Frege*（eds P. Geach and M. Black）(1952)，pp. 56 – 78.

Michael Dummett（1981）. *Frege：Philosophy of Language*.

★ Gareth Evans（1982）. *The Varieties of Reference*.

Hans Sluga（1993）. *Sense and Reference in Frege's Philosophy*.

1. 22　基质/捆束

在 1.12 中，我们提到了笛卡尔关于一个蜡球（象征整个世界）的著名思想实验。在室温下，它是固体，具有一定的质地、气味、味道、形状和颜色。当你轻敲它时，这个蜡球会发出一定的声音。把蜡球放在热炉子旁边，它就会融化。融化后，同一块蜡似乎不一样了。它的可感属性——它的外观、味道、感觉、气味和声音特征——发生了变化。然而，它仍然是同一块蜡。

在笛卡尔的分析中，这个实验揭示了关于蜡的一些重要东西，事实上也揭示了关于所有物质客体的一些重要东西：物质客体本质上是"具有广延的"实体（他称之为 res extensa）。三维广延是它们唯一的本质属性，但笛卡尔不是通过感官而是通过理智来认识这种属性的。笛卡尔关于"广延"的发现，与柏拉图在其对话录《蒂迈欧篇》(48e4 – 51b6) 中对一种形而上学"容器"的描述出奇地相似，该容器能够接收事物的型相。后来康德质疑了这种基本的、接受性的、有维度的空间体，他没有诉诸客观现实，而是诉诸我们的感官能力所赋予事物的形式，即我们是如何体验事物的［《纯粹理性批判》（*Critique of Pure Reason*），"先验感性论"］。

内在性与特殊性的基础，对语言的一种解释

无论如何，像笛卡尔这样的哲学家认为实体必然存在的一个原因是，属性似乎不能浮在空中。难道它们不应该内在于某个事物之中吗？——在下面有承载它们的一个"基质"（substratum）？你可以有一条红色的裙子，但不能只有红色。红色的属性必定总是内在于某个事物之中——就像蜡的属性一样，不是吗？我们的语言通常也会区分主语和谓语。这仅仅是偶然吗？语言的结构反映了某种自然的本质，这难道不合理吗？

哲学家们认为一定存在某种基质的另一个原因是，它解释了物体是"独立的特殊体"（independent particulars），即它们位于特定的时空坐标之中。毕竟，颜色、形状、气味、味道、质地等，它们自身在逻辑上仅仅是一般的或普遍的。需要解释的是，这里为何存在着颜色等的特殊个体，或为何存在着某属性的任何一个特殊个体——哲学家们将其称为属性的实例（instantiation）。一个基质就能解释这样的"这一个"（thisness，参见 1.23）。

笛卡尔不仅认为物质客体必须要有一个基质，而且认为自我也是如此。我们能够经验到一系列感知、思想和情感。因此，这岂不是说必然存在着某种持续性的自我吗，正是它拥有了上述经验？因此，这种自我难道不就是一个基质吗［即笛卡尔所说的"思维实体"或"思想物"（res cogitans）］？

基质的无意义性

苏格兰怀疑论者大卫·休谟则持不同观点。根据休谟的说法，据我们所知，自我在一定条件下只是被捆绑在一起的知觉（《人性论》，1.4.6.4）。对于物体来说，似乎也是如此。为何不把它们只看成一捆（bundles）属性呢？或许，除了时空是一捆时空切片之外，物体甚至作为整体的现实都应该被看作一捆属性，这些属性和它们之间的关系就是现实的基本构成要素。即使是物理学中最基本的东西——比如夸克或电磁能——也可以（或必须?）被理解为属性的集合体。

毕竟，我们似乎有充分的理由放弃关于实体和基质的理论。根据某些说法，我们并没有直接感知到基质，这就是为什么约翰·洛克（John Lock）只能称它为"我知道不是什么"[《人类理解论》（*Essay Concerning Human Understanding*），2.23.2]。也许最具毁灭性的是，假如我们没有直接的经验证据来证明基质，且原则上也无法体验它，那么这个词真的有任何意义吗？难道实体或基质不是比虚假或虚构更糟糕吗？这些想法不是毫无意义吗？实际上，一个人能够提出任何有意义或可理解的词语或思想吗？然而，有人则认为，假如我们能体验到特殊客体，而且我们的确体验到了特殊客体，那么我们也就体验到了基质。

同时参见：

1.12　本质/偶性

1.24　普遍/特殊

2.7　莱布尼茨的同一律

3.3   经验主义对形而上学的批判

推荐读物：

Joshua Hoffman and Gary Rosenkrantz（1997）. *Substance：Its Nature and Existence.*

E. J. Lowe（2005）. Things. In：*The Oxford Companion to Philosophy*（ed. Ted Honderich），2nd edn.

Thomas Sattig（2015）. *The Double Lives of Objects.*

★ M. J. Loux and T. M. Crisp（2017）. *Metaphysics：A Contemporary Introduction*，4th edn.

1.23   句法/语义

20 世纪以降，语言支配了哲学。真理、知识、伦理、心灵以及其他所有问题几乎都要采用语言哲学的方法。例如，如果你想知道什么是知觉，那么你就要先知道"知觉"这个词语的含义，而要实现这一点，你又要知道这个词语的含义到底是什么意思。

由于对语言的强调，这个时期被称为"语言学转向"，但人们现如今对"语言学转向"的看法褒贬不一。将这么多精力放在语言哲学上，无疑会让人们更加清楚语言在什么条件下有效（以及无效），但根据许多近代思想家的判断，语言在哲学中的地位被高估了。批评者们说，对语言的狂热在促进哲学发展的同时，也阻碍了它的发展。不过，无论如何评价语言学转向，它都已然深刻地影响了现代哲学，不能被轻易地抛弃。

语言哲学为现代哲学提供了一个非常重要的区分，即认识到

"句法"（syntax）和"语义"（semantics）之间的差异。首先看自然语言，我们可以比较下面两个命题：

　　1. 黄色的仇恨殴打了图谋不轨的运算法。

　　2. 我的狗病老安乐死需要。

这两个命题都有错误，但每个命题的错误之处却不尽相同。第一个命题在语法上没有任何毛病。但它的意思是什么？可以说，它毫无意义。运算法不可能图谋不轨，且不可能被仇恨殴打，而仇恨也不可能是黄色的。相反，第二个命题在语法上不正确，但我们却可以大致猜出它的意思："我的狗又老又有病，需要让它安乐死。"

　　这两个命题违反了不同的语言规则。其中，第一个不能传达内涵（语法正确，但没有意义），第二个则是形式错误（意义可以识别，但结构混乱）。

　　若给这种差异贴上标签，我们可以说，"黄色的仇恨殴打了图谋不轨的运算法"的句法正确，但语义缺失或混乱：该命题的错误是语义上的。同样，"我的狗病老安乐死需要"的句法有误，但语义可以识别：该命题的错误是句法上的。

　　简而言之，句法涉及规则，决定着语言中词语和命题的正确顺序，而语义则涉及内涵和意义。

　　有时，语言中的句法和语义维度相应地被视为语言的"形式"（formal）和"质料"（material）。因此，逻辑学家们经常讨论的是"形式"逻辑。他们毫不关心质料！

逻辑学中的应用

　　在逻辑学（相对于诗词学或修辞学）的研究中，句法探讨语言的形式结构，然而语义不只是简单地探讨意义，还探讨真和假。相同的区分在非人工的符号语言中也经常得以应用。实际上，纯粹的逻辑只关心句法：它研究的是逻辑结构，其中哪些有效，哪些无效。在某种意义上，纯粹的逻辑中没有语义〔尽管阿尔弗雷德·塔尔斯基（Alfred Tarski）确实证明了为何可以有一种形式语义学〕。例如，虽然一个人可以说 AvB 的意思是"A 或者 B"，但是"AvB"本身只是句法，它对于这个世界而言没有任何具体的意义。在逻辑学中，说"AvB"是正确的结构，就像在英语中，说"冠词＋形容词＋名词＋不及物动词"是正确的结构一样。两者都只是单纯地考虑结构的对错，而不考虑意义（真或假）。

人工智能中的重要性

在围绕人工智能的一些争论中，句法/语义的区分尤为重要。根据句法规则，一个人可以用计算机进行编程，这看似是有意义的。但是，对于什么能让编程者赋予程序语义，人们则有许多争论。有许多人都认为电子计算机仅仅有句法，而没有语义，因此，与人不同，计算机不能分辨"黄色的仇恨殴打了图谋不轨的运算法"和"极恶的暴徒殴打了恐慌的陌生人"这两个句子的差异。约翰·塞尔也是如此认为的（实际上，在我写作的过程中，检查语法的软件就没有发现前一个句子是病句），他的主要观点可参见"中文房间"的实验。

同时参见：
1.4* 有效性和可靠性
2.6* 直觉泵

2.11＊　思想实验

1.10　蕴含/蕴涵

推荐读物：

Rudolf Carnap（1942）. *Introduction to Semantics*.

Alfred Tarski（1983）. *Logic，Semantics，Metamathematics*（ed. John Corcoran）.

★ John Searle（1984）. *Minds，Brains，and Science*.

Richard Larson and Gabriel Segal（1995）. *Knowledge of Meaning*.

1.24　普遍/特殊

尤格乌对他的哲学教授说："我妈妈说我完全是独特的（unique）和特殊的（particular）。"他的教授回应说："嗯，我知道你是特殊的，但不要太得意忘形。你并不完全是独特的。你只是众多学生中的一员，是千百万青年中的一员，是众多人类中的一员，是无数生物中的一员。"的确，这个世界令人着迷的地方之一就是，它似乎既呈现出普遍性的特征，也呈现出特殊性的特征。事实上，任何事物都可以被描述为"普遍的－特殊的"（universal-particular）。亚里士多德表达这个观点时说，众多事物之中的每一个都能被称为"这个"（this-such；例如《形而上学》Z，1028a9－1028b2[①]），这里的"这"指出了事物的特殊性，而"个"则指出了事物的普遍性，例

---

① 原著中写的是"1028b9－1028a2"，这显然是错误的。根据《形而上学》的章节名与内容，正确的引文应出自"1028a9－1028b2"。

如"尤格乌"是"这个人类"或"这个人"中的个体的名字。哲学
家们对这是怎么回事感到困惑不解。

实在论者和唯名论者的普遍性

　　哲学家们对事物的普遍性提出了一种解释，该解释强调普遍性
是现实的实际组成部分。这一传统可以追溯到柏拉图，他阐述了一
种关于形而上学的"型相"（eidē，idēes，或译"理念"）的理论，
他认为这是某一事物是或可能是的"范型"（paradigmata）或自然
种类。例如，对于柏拉图主义者来说，狗之所以能够存在，是因为
存在一种普遍的狗的型相，这种型相可以在许多特殊的狗身上实例
化。相应地，存在着葡萄柚的型相、橡树的型相、花岗岩的型相、
电的型相，等等。至于床、民主政体甚至贵宾犬等人造物是否有型
相，我们就不太清楚了。无论如何，柏拉图式科学的核心任务之一
就是，识别和定义现实的型相结构。

　　在这个问题上，那些相信普遍性确实存在的人被称为"实在论
者"（realists）。然而，并非所有认同普遍性的实在论者都是正统的
柏拉图主义者。柏拉图的型相，请原谅我的措辞，是一种独特的普
遍性。在柏拉图理论的标准解释中，型相或形式以一种超验的方式
存在，在某种意义上不同于我们所体验到的现象世界。相比之下，
柏拉图的学生亚里士多德则主张内在形式，即普遍的形式是现象世
界的组成部分。事实上，对于亚里士多德而言，每一个事物都由两
部分组成——形式和质料。这种观点被称为"形质说"（hylo-mor-
phism；hylē 指质料，morphos 指形式）。最近，实在论哲学家伯特
兰·罗素认为，存在的普遍性不仅包括类或集合，而且包括其他的

逻辑或数学属性，如平等、同一、大于，等等。对于罗素而言，现实不仅包括物质的成分，也包括逻辑的成分。

另一种与之竞争的传统，则认为普遍性只是有用的虚构或技巧。被称为"唯名论者"（nominalists）的哲学家们，将普遍性的词语解释为我们给个体集合所起的准名称。所以，对于唯名论者而言，如中世纪哲学家奥卡姆的威廉（William of Ockham，约 1285—约 1349）或早期现代哲学家约翰·洛克（《人类理解论》，1.3，"普遍术语"），把某些事物称为狗，不过是把不同的个体收集在同一个名词下，而每个个体在某种程度上都与其他个体不同。

我们把它们收集在一起，可能是出于各种理由。或许我们把它们收集到同一个普遍术语之下，是因为它们彼此相似（就像橙子彼此相似一样）。正如路德维希·维特根斯坦所建议的那样，我们是通过一个网络或家族的相似性来收集它们，而不是根据一种特殊的相似性［就像各种各样的活动都被称为"游戏"（game）一样，尽管似乎没有一种共有的属性将它们都定义为游戏；参见 1.17］。或许我们把个体收集到同一个普遍术语之下，是因为它们以我们感兴趣的方式发挥功能（假如我们能吃它们并活下去，它们就被称为"食物"；假如它们能让我们发笑，它们就是"有趣的"）。无论出于何种原因，唯名论者的关键看法都在于，宇宙是某种建构或发明。

什么使普遍性是特殊的？

好的，但是"特殊性"（particularity）呢，或者中世纪的邓斯·司各脱命名的"个体性"（haecceitas）或"这个性"（thisness）呢？

有些人认为，特殊性就是捆在一起的普遍性。假如一个认识尤格乌的人来形容他，她或许会说他很好、聪明、有趣、高大、慷慨、害羞、体重 75 公斤，等等。而对于捆束论者而言，这里的每一个描述词都是一种普遍性（例如，存在着许多好人的实例）。但被称为"尤格乌"的这个特定的一捆则是独特的。没有人能完全像他一样，精确地将这一系列普遍属性以他的方式捆在一起。这些属性并没有使他是独特的，但它们组合在一起的方式则做到了。

对于其他哲学家来说，将普遍性视为捆束的理论不足以解释特殊性。对于一些哲学家而言，个体性代表着现实的一个独特和基本的形而上学维度。在亚里士多德传统中，质料就是"个体化的原则"（principium individuationis；《形而上学》Z，1034a5）。这就是说，当普遍性与质料结合时，或因为普遍性与质料的结合，特别是当它们被置于时空之中时，普遍性成为个体（1.11）。

对普遍性的政治猜疑

最近，哲学家们开始关心对普遍性的诉求。产生这种猜疑的一个原因是，在道德和政治语境中，人们发现涉及人类普遍属性的一些主张，如善良、正义、知识等，反而是偏私的。对人类身体的普遍性看法，被发现只是涉及男性身体或欧洲人后裔的身体。对人类心灵及其能力的看法，或者对什么是道德上的善或美的看法（参见3.4），被发现是根据占据统治地位的人或仅仅是当代人来定义的。这就是说，那些看似普遍的东西，被发现只是某些狭隘事物的投射。正如卡尔·马克思（Karl Marx）所说，一个社会占主导地位的思想往往是统治阶级的思想。

同时参见：

2.7*　逻辑建构

1.22　基质/捆束

2.2　范畴和种差

2.7　莱布尼茨的同一律

3.1　阶级批判

推荐读物：

J. P. Moreland（2001）. *Universals*.

★ G. Galuzzo and M. J. Loux（eds）（2015）. *The Problem of Universals in Contemporary Philosophy*.

Robert C. Koons and Timothy Pickavance（2015）. *Metaphysics：The Fundamentals*.

S. Di Bella and T. M. Schmaltz（eds）（2017）. *The Problem of Universals in Early Modern Philosophy*.

1.25　厚的概念/薄的概念

　　这本书中的许多概念与区分在多年前就已经提出了，不过哲学家们仍在创造一些新的、有用的工具。我们在学习哲学的过程中，经常在首次读到一种新的区分方式后就会感慨万千：假如没有它，现在到底会是什么情况？

　　伯纳德·威廉姆斯就是对概念区分这一哲学工具有所贡献的人之一，他将伦理概念区分为"厚的"（thick）概念与"薄的"（thin）概念。其中，诸如"善""恶""对""错"等都是"薄的"伦理概念。

这些概念具有较大的普遍性，构成它们的具体内容也有待确定。就此而言，这些概念往往在一个理论中会先被提出来，而后再慢慢充实。

例如，当我们说"一个人应该将善最大化"时，我们实际上并没有说明你到底应该如何去做。这要依赖于善是什么。假如善是指人们的快乐幸福，那么我们就应该将人们的快乐幸福最大化。假如善是指没有原罪的一生，那么我们此生的所作所为不论是什么，都与追求快乐幸福不尽相同。

因此，"薄的"概念留有宽泛的余地，允许人们对其理解不同。然而，厚的概念则有较为确定（未必完全确定）的含义。

例如，对于什么时候应该"感恩"，我们或许意见并不一致。但是，我们都同意感恩是对行善的人、家庭和群体的认可或褒奖，都同意感恩是一种道德性的情感。因此，"感恩"是一个厚的伦理概念。

厚的伦理概念的另一个例子是"欺诈"。欺诈是撒谎的一种形式，在道德意义上是坏的。虽然对于哪些具体行为属于欺诈（比如善意的谎言），我们或许意见不同，但"欺诈"这个术语本身就足以说明它自身，以及它在道德意义上的善恶属性。

道德理论中的应用

在道德理论的探讨中，这一区分非常有用。有些争论需要薄的概念，有些则需要厚的概念，该区分有助于我们分辨两者，并确定何者更加适宜。元伦理学研究伦理学和伦理命题的一般本质，诸如"伦理学是否探讨现实世界的客观特性"等都是元伦理学研究的问题。若要给出答案，我们需要考虑"杀人是错的"等陈述究竟是我们对事实的描述，还是我们对这个世界的情感表达，抑或其他。在这样的探讨中，我们只需要薄的伦理概念，因为我们论证的是伦理判断自身，而非这个判断或那个判断等具体伦理判断的对错。

　　然而，当开始讨论伦理学中的实质问题时，我们就需要厚的概念了。例如，你认为任何情况下取人性命都是错的，因此帮助他人自杀在伦理上不能证明其正当性。假若你要论证这一观点，你就需要说明错的原因以及你到底如何具体地界定对错。因此，你需要对"错"和"谋杀"等伦理概念给出具体的解释，只有关于什么是伦理学的一般概念和普遍描述是做不到的。

　　相较于其他区分方式（比如元伦理学 vs. 规范伦理学或实质伦理学），"厚"与"薄"的区分有一个优点，即这两个术语并不预设一种严格的区分。不同于硬币的正反两面，厚与薄更像是一个统一体的两端，两个端点之间的概念可以是一个更厚的概念，也可以是一个更薄的概念。这就是说，这个工具像光谱一样刻画了两端的差异，同时为中间的灰色地带留下了空间。

同时参见：

1.10*　定义

3.16*　虚假二分法

1.12　本质/偶性

1.26　类型/个例

推荐读物：

★ Clifford Geertz （1973）. Thick description: toward an interpretive theory of culture. In: *The Interpretation of Cultures: Selected Essays*.

★ Bernard Williams （1985）. *Ethics and the Limits of Philosophy*.

Michael Walzer （1994）. *Thick and Thin: The Moral Argu-*

ment at Home and Abroad.

Simon Kirchin（ed.）（2013）．*Thick Concepts*．

1.26　类型/个例

假如你发现，我们中的某人和你有相同的车，你可能不以为然；但是，假如你发现，我们中的某人和你有相同的未婚妻，你或许就不那么淡定了。

这个例子说明："相同（same）的 X"的表述是含糊不清的。就车的表述而言，相同的是"型号"（model）。这就是说，这两辆车的构造相同、外观相同、功能相似，当它们脱离了生产线，它们的品质也是（或应该是）几乎一样的。这一辆车具有的功能，另一辆车也应该具备，比如这辆车有 12 阀的发动机，那么另一辆车也应该如此。假如不是这样，它们就不是相同的车。

未婚妻的表述则有所不同。假如说"我们有相同的未婚妻"，可不是说有两个人，她们的品质相同；而是说，我们无意间和同一个女人订婚了。在这种情况下，我的未婚妻和你的未婚妻不仅品质相同，而且在量上（quantitatively, or numerically）也是同一的。她们就是完完全全相同的一个人。

要区分这两种意义上的"相同"，最常见的方法就是利用我们哲学家提出的两个术语——"类型"（types）和"个例"（tokens）。个例是指具体的单个物体，而类型则是指这些个体的抽象形式。例如，台球的"类型"并不指向任何具体的对象，而是指关于台球是什么的抽象概念；但台球的"个例"则是指所有实际用到的台球。

起源

这个区分源自我们对语言的反思。每个具体的词语都归属于"词语"这个类型，而它们在言谈或写作中的运用则是具体的个例。因此，当哈姆雷特嘀咕"词语、词语、词语"时，他就讲了三个具体的"个例"，但它们同属于"词语"这个类型。

在柏拉图的"型相论"中，他显然已经意识到了这个问题。虽然如何理解这个理论已然引起了极大争议，但它的核心意思却十分清晰。例如，假若我们问"什么是三角形?"，那么仅仅指向一个具体的三角形物体显然远远不够，这还称不上是一个答案。直角三角形无疑是三角形，但还有其他不同样子的三角形，它们有不同的内角角度。但是，什么使它们都被称为三角形呢?

柏拉图的解决方法是：感知世界中的"许多"（many）不同事物，都"分有"（participates）同一个"型相"（form，eidos）或"一"（one），这个型相使它们属于同一个种类。世界上存在着许多不同的三角形，但只有一个三角形的型相。这个型相涵盖了"三角形"的本质；具体的三角形之所以是其所是，则是因为它们在某种程度上分有了这个三角形的型相。因此，虽然世界上存在着无限多的、具体的、潜在的三角形，但只有一个三角形的型相，理解了这个型相，我们就能辨别所有具体的三角形了。

有时，柏拉图似乎认为，这些型相是一种非自然的实体，存在于某个超验的世界之中。但按照类型/个例的区分，柏拉图这种形而上学的过度解释似乎是不必要的。所有具体的三角形物体都是"三角形"这个类型中的个例。这个"类型"不需要是某种陌生的、非自然的实体；它可以仅仅是抽象的概念。通过这样的概念，我们可以把具体的几何形状进行归类。当然，这样仍会留有疑问，尤其是在我们界定抽象概念的地位时。不过，类型/个例的区分有一个优点，那就是我们无须假定任何形而上学的、神秘的或超自然的实体存在。

同一性

在讨论"同一性"（identity）问题时，类型/个例的区分也十分重要。两个物体在各个方面都是相同的，但它们并非指向同一个对象，我们就把它们称为"类同的"（type-identical）；类同的物体或人属于同一个类型，其中的每个个体则是这个类型中的个例。而当我们使用两个术语——比如我的未婚妻和你的未婚妻，但却指向同一个对象时，我们就把这种指向同一个对象的两个术语称为"体同的"（token-identical）。

这个区分看似简单易懂，但却十分重要。例如，"心灵状态（mental states）是大脑状态（brain states）"这种说法就有两种意思：一是，心灵状态是类型，而大脑状态是个例，这意味着精神还有其他状态，如机械状态、植物状态等；二是，大脑状态和心灵状态是体同的，即除了大脑状态之外，就没有其他心灵状态了。

同时参见：

3.21* 蒙面人谬误

1.3 分析/综合

1.12 本质/偶性

1.24 普遍/特殊

2.7 莱布尼茨的同一律

推荐读物：

Charles Sanders Peirce（1931 - 1958）. On the algebra of logic. In：*Collected Works of Charles Sanders Peirce*（eds C. Hartshorne and P. Weiss）.

David Armstrong（1968）. *A Materialist Theory of the Mind*.

Linda Wetzel（2009）. *Types and Tokens：Abstract Objects*.

★ Michael Loux and Thomas Crisp（2017）. *Metaphysics：A Contemporary Introduction*.

第 2 章

历史学派与哲学家的工具

2.1　格言、片段、短评

　　"生命是一段旅程"；"善意是残忍的开始"；"看似胡言乱语，终将被智慧之人奉为珍宝"。

　　诸如此类的"格言"（aphorisms）常被视为有哲理的，但它们言语不清，而且最多是哲学中的细枝末节。格言浓缩着一定的智慧和洞见，它们通常只有简单的一句话，就像哲学中的"微博"。我的一位老师曾这样评价道："任何能被放进果壳里的哲学，都属于格言。"相较而言，真正的哲学坚实可靠，假若不够复杂，它便什么也不是。换言之，好的哲学一定是精妙的、烦琐的、准确的和深刻的。这难道不需要长篇大论的论文来承载吗？

并非微不足道的历史

也许需要。但实际上，哲学史上许多重要文献的内容皆由格言构成。许多古代亚洲思想家的著作就是如此，比如老子（公元前 6 世纪）的著作。虽然据说古希腊的赫拉克利特（活跃于公元前 6 世纪）著有一本"书"，但这个写在莎草纸上的文稿仅仅由一些格言式的片段构成。他的所有思想都是这样保存下来的，包括著名命题"人不可能两次踏进同一条河流"。[当然，希波克拉底（Hippocratēs，约前 460—前 377）也正是以他的医学格言而闻名于世的。] 早期现代哲学家扬巴蒂斯塔·维科（Giambattista Vico）的《新科学》（*New Science*，1725）的大部分内容，都由简短的评语构成。他将部分评语称为"公理"——讽刺的是，与欧几里得（Euclid）或斯宾诺莎使用的几何式公理相比，它们完全没有起到相似的作用。弗里德里希·尼采也刻意地撰写了许多格言和松散的评论。在《偶像的黄昏》（*Twilight of the Idols*，1888）的第 51 节中，他告诉他的读者："我的抱负是，用十句话说出别人一本书说的话——别人用一本书也没说出的话。"近年来，路德维希·维特根斯坦著有 20 世纪最重要的几篇文献，其中也充满了简短的格言或短评，比如他在《逻辑哲学论》（*Tractatus Logico-Philosophicus*，1921）中的名言："凡不能谈论的，就应该保持沉默。"（♯7）

精辟的观点

有些时候，哲学式的著作以格言或短评的形式出现是偶然的。

赫拉克利特写作时，哲学论文尚未有清晰的界定，更别说有一种支配性的表达方式了。在当时，人们还没有充分认识到哲学与诗歌的区别（现在认识到了？）。况且，假如亚里士多德主义者泰奥弗拉斯托斯（Theophrastus）的观点是对的，那么赫拉克利特的作品就似乎还尚未真正完成。但就另外一些情况而言，格言式的表述则是特意的选择，且经过了精致的修饰，比如在维科、尼采和维特根斯坦那里。那么，一位哲学家以这种方式来呈现自己的作品究竟是出于什么原因呢？

其中的一个理由是：虽然许多哲学家试图通过清晰有序的推理论证来提出并证明一个真理？但还有一些哲学家认为，这样的尝试以及相关的文献与论文，都会让我们误解真理、现实和人类的条件。例如，像克尔恺郭尔（Kierkegaard）一样，尼采拒斥了前辈黑格尔的观点，否认现实是单一的、完整的、理性的系统。相应地，他也拒绝以独立的、泾渭分明的、理性的哲学体系去解释现实（像晚期维特根斯坦一样）。于是，尼采似乎相信，在不同的视域之下，真理就是多样且不尽相同的。维科同样认为，通过理性的、有序的（尤其是推理的或"几何式的"）概念来理解人类世界，并且依此方式将人类世界哲学化，就会导致极大的扭曲。维科在《论意大利最古老的智慧》（*The Ancient Wisdom of the Italians*，1710）中这样说："如果你把几何学方法应用于生活实践中，'你所做的无非是，辛勤劳作就为了陷入理性的疯狂'，并且不顾生活中的曲折艰险，直接（按照理论）来行事，仿佛情欲、轻率、机遇和运气在人间事务中不具有任何掌控作用一样。用几何学方法来撰写一篇民政演说，无异于在演说中拒斥一切真知灼见，而只是证明一些显而易见的东西。"①

　　然而，推理式的文献和论文就其本质而言，意味着存在着单一的真理和一个统一的、理性的、有序的现实。由于这样的理由，推理式的文献和论文通常都会从一系列有序的前提出发，推导出一个单一的结论。相较而言，短评、格言既不假定一个统一的、有序的、理性的系统，也不假定一个单一的、明确的真理。它们通过精简的形式来表达深刻的内涵，尤其是经过精雕细琢之后，因而格言普遍拒绝给出单一的真理，或者排他的、确定性的命令。它们提供了一种具体的微观哲学，假如你愿意这样称呼的话。

　　但作为哲学方法，格言和短评的缺陷是：它们容易导致含糊不清、误解和混淆。赫拉克利特的称号是"晦涩的"哲学家，这显然有充分的理由。总之，正如批评家马歇尔·麦克卢汉（Marshall McLuhan）在《理解媒介》（*Understanding Media*，1964）中所言，"媒介即信息"，哲学家们无论选用了格言或论文、短评还是推理论证，都表达了他们的观点——至少在某种程度上是如此。

同时参见：

1.9*　公理

3.9　尼采对基督教-柏拉图主义文化的批判

4.4　哲学与艺术/作为艺术的哲学

推荐读物：

Friedrich Nietzsche (1886). *Beyond Good and Evil*.

★ Ray Monk (2005). *How to Read Wittgenstein*.

---

① 译文参见维柯：《论意大利最古老的智慧》，张小勇译，上海三联书店 2006 年版，第 71 页。维柯即维科。

Charles H. Kahn（2008）. *The Art and Thought of Heraclitus*.

★ Julian Baggini（2009）. *Should You Judge This Book by Its Cover*?

2.2　范畴和种差

有趣的是，构成世界的万物都可被划分成不同的"类型"（types）或"种类"（kinds），这在哲学上亦被称为"范畴"（categories，源自希腊文 kategoriai）。实际上，想要谈论尚未被范畴化的事物是十分困难的，甚至是不可能的。比如，你此时正在读的就是一本"书"。此外，它还是一种"物体"，是"现存的""无生命的""长方形的""有颜色的"；它是"真实的""有限的""客观存在的"，与其他事物也有一定的"关系"；它是一种"商品"，受到其他事物的"影响"，能用一定的方式购买。存在其他情况吗？换言之，是否存在另一个现实世界，其中的所有物体都与众不同，它们皆无法归于任何一类？这样的世界可以理解吗？范畴究竟能发挥何种哲学作用呢？

说，想，是（存在）

亚里士多德在他的《范畴篇》（*Categoriae*）中认为，世界上最普遍的属性大致可以归于十个著名的范畴。但问题在于，他究竟是在划分"是"（being）这个范畴，还是仅仅在语义上讨论"是"这个范畴，我们无法根据他的描述得出定论。许多中世纪思想家都认为他的意思是前者。但最近，许多哲学家转向了后者。

就此而言，伊曼努尔·康德便是最重要的人物之一，他没有谈论范畴"是"，而是更加细致地阐释了 12 个"知性范畴"（categories of understanding），并将其分为 4 组，每组 3 个。相较于刻画世界本身而言，康德更专注于单纯地列出我们所使用的最普遍的概念（在他看来，我们必须要使用这些概念），以理解我们所经验的世界（1.1）。近年来，许多哲学家以多种不同的方式继承了康德的立场。他们并没有像康德一样明确地界定现实世界与概念世界的区别，但他们却将所有的精力都投入语言以及概念规则的研究中。

当然，仍有许多哲学家在追问范畴的形而上学意义。例如，埃德蒙德·胡塞尔为了确定哪些范畴能够表达意义，他不仅描述了意识的普遍特性，而且研究了世界自我显现的条件。"日常语言"哲学家们受到了奥斯丁（他便试图确定语言的使用范畴）的启发，他们普遍认为，既然日常语言能够表达意义，那么世界与语言之间就一定存在着某种契合。

这些都使我们要回到亚里士多德，并追问我们到底可以利用范畴把握哪些事物。可以说，形而上学范畴旨在描述现实世界的最普遍的特性。而且，这并不是一件多余的事。经过形而上学哲学家的辛苦工作，我们对现实的理解，要比仅靠自然科学来理解更加深刻、全面。此外，我们掌握到这些普遍的特性，也有助于我们回答具体的哲学问题。

例如，亚里士多德区分了"实体"与其他范畴，它们有助于解释事物在变化中如何保持不变。换言之，这些范畴解释了事物何时会变成新的事物，何时保留了自身的本质。正如我们在 1.12 和

1.22 中所看到的，笛卡尔在一个著名的思想实验中指出的那样，蜡可以融化和改变自身的颜色、形状、外貌等，但它仍是原先的蜡。但把一块蜡烧掉，它就不再以蜡的形式存在了。

还有一些哲学家使用范畴回答了其他问题。康德的范畴研究，旨在解释知性如何认识自然世界中的必然律，以及形而上学或神学问题为何不能回答某些问题。（因果律的必然性和数学的必然性在范畴上是一样的吗？参见 1.6。）而伯特兰·罗素则构建了"类型论"（Theory of Types），他区分了多种不同的集合，以解决他自己在集合论中发现的一个悖论（被恰当地称为"罗素的悖论"；4.6）。吉尔伯特·赖尔研究了语言的范畴，以回答困惑哲学家多年的"身心关系"（参见 1.15）。此外，邓斯·司各脱的形而上学，则是为了解释哪些术语（他称之为"超验的"）是描述所有存在者的范畴。

"差异"的批判力

亚里士多德想要通过自己的科学研究，来搞清楚该如何将世界上的万事万物归于不同的类型或范畴。因为范畴的最重要的作用之一，便是区分或明确事物之间的差异。换言之，这种科学研究通过界定所谓的"种差"（specific differences）——将一类事物与另一类事物区分开来的差异性，进一步确定不同种类事物之间的界限。因此，假如有生命的事物能够归类于界（kingdoms）、门（phyla）、纲（classes）、目（orders）、科（families）、属（genera）、种（species），那么如何将这些不同的类别彼此区分开来呢？例如，如何将人类与其他物种区分开来呢？

亚里士多德及其后继者为了界定种差、揭示事物的本质属性（无论是单独还是联合在一起），明确将本质属性与非本质属性或偶性区分开来（1.12）——同样，还将本质属性与亚里士多德主义者所谓的 propria 区分开来，即一种事物所特有的属性，它们是这一类事物的典型特征却又不是其本质特征。亚里士多德将人类定义为"理性的动物"，指出我们具有抽象的、理论的思维能力，以此来定义我们与其他动物的种差（亚里士多德自己并没有使用这个公式，但参见：《论灵魂》，414b-20，421a20；《形而上学》，Bk 7，1030a13）。我们的幽默感或笑的能力也被视为人类的一种特有属性（proprium）。也许我们可以对否定事实进行断言的能力也是如此（1.18）。

种差思想的重要性之一在于，哲学家在批判它的过程中也取得了许多哲学上的成就。此外，错误地理解种差，也将导致社会和政治领域的一些不正义现象。例如，人与非人类动物的种差问题，正是环境伦理学以及动物权利研究所着重讨论的重心。批判男性与女性之间的种差，则是女性主义和酷儿理论（3.4）的主要内容。对种族之间假想的种差进行质疑，也有助于颠覆传统的"种族"观念。而在进化论和医学伦理学中，如何界定生命物与无生命物之间的种差则是一个重要的问题。因此，识别和质疑造成差异的原因，这一简单行为都可能是一项非常大的工程。

同时参见：

1.10*   定义

3.5*   范畴谬误

1.12   本质/偶性

1.24   普遍/特殊

3.2　延异、解构主义和对"在场"的批判

推荐读物:

Aristotle（1963）. *Aristotle's Categories and De Interpretatione*（ed. trans. J. L. Ackrill）.

Paul Guyer（1987）. *Kant and the Claims of Knowledge*.

★ Colin McLarty（1992）. *Elementary Categories*, *Elementary Toposes*.

Jan Westerhoff（2005）. *Ontological Categories*: *Their Nature and their Significance*.

2.3　诘难和绝境

毫无疑问，在所有的哲学文献中，最重要的便是柏拉图的对话录。但是，这些著作都有一个奇怪的特点，即它们没有给出一个结论。尤其是在柏拉图的早期对话录中，我们可以看到苏格拉底和他人就某个哲学主题（比如，虔诚或善是什么）进行对谈，却从不做出一个干净利落的结论。苏格拉底通过一系列论证和分析，最终把对话者引入僵局之中，这就是柏拉图文本的一贯结局。这种将对话者引入僵局的辩证方法被称为苏格拉底的"诘难法"（elenchus），而这样的哲学僵局则被叫作"绝境"（aporia）。

术语"绝境"，就像"非道德"（amoral）一样，是一个表示否定意义的词，它的字面意思就是"非渗透的"（not-porous），或者"没有出路、无法通行"。在哲学语境中，困境用于形容处在纠缠或阻碍的条件之下，亦是指论证、探究或思考过程中的障碍物。正如

尼古拉斯·雷舍尔（Nicholas Rescher）所言，整个哲学工程都可被理解为：我们首先揭露出概念中的困境，而后再将其移除或克服。但是，对于某些人来说，这些障碍本身就具有重要的功能，而不仅仅是需要克服的障碍。

反驳和认可

在某种意义上，诘难法可以起到反驳的作用。无论是批判对话者原先的前提，抑或是批判对话者赞同的、修改过的前提，苏格拉底的诘难法都表明对话者的立场是自相矛盾的。这就是说，诘难法揭示了对话者的立场如何从自身推出一个荒谬的、不可接受的、自相矛盾的或惹出其他麻烦的结论。例如，苏格拉底在著名的《理想国》（*Republic*）第 1 卷中，反驳了克法洛斯对正义的定义，即"正义就是欠债还债"。因为把武器还给一个头脑不清楚、试图做坏事的债主，显然是不正义的。同样，在《理想国》第 2 卷中，苏格拉底也反驳了玻勒马霍斯的定义（"正义是把善给予友人，把恶给予敌人"），以及色拉叙马霍斯的定义（"正义是强者的利益"），因为从这两个立场出发，都将引出不可接受的矛盾和产生异议的结论。于是，诘难法便起到了否定性的作用，可以说是清理了哲学理论的"奥吉亚斯的牛圈"（Augean stables）。

但除了反驳之外，诘难法还能起到肯定性的作用，否则，它就会和不好的哲学一起被抛弃。柏拉图的苏格拉底似乎让对话者意识到了自身智慧的局限，并且承认自己不知道问题的答案。伴随着这种承认，柏拉图的苏格拉底才能让他们对哲学感兴趣，进而追求真正的真理。依此来看，诘难法和绝境都可被视为帮助人们察觉自己无知的工具，并且能够激励人们追问真实的答案。

怀疑主义的崛起

苏格拉底说，他的智慧在于他的一无所知 [《申辩篇》(*Apology*)，20e - 21a]。怀疑主义哲学家同意这句话，但他们却有不同的理解。同样，他们也同意柏拉图制造出来的绝境，但他们却不认为绝境有助于刺激人们去追寻真理。换言之，怀疑主义者接受了哲学绝境的可能性，但却不是因为它们有助于进一步的哲学研究，而是因为它们证明了哲学的无效性或局限性。通过指出自相矛盾的论证、经验观察，怀疑主义者开始质疑所有的基本信念，但他们认为这正是哲学研究的重大发现。

这就是说，对于怀疑主义者而言，绝境所最终带来的智慧，并非通过哲学论证找到一种知识（1.4）。相反，真正的智慧在于，接受哲学论证的最终结果并不是确定一个最终的、真实的结论，而是知道哲学论证就到此为止了、结束了。在这个意义上，绝境或许并不是一种哲学研究的方法，而是一种洞察与承认人类的有限性和哲学研究的局限性的手段（4.10）。

绝境和解构

在德里达的"解构主义"里，我们可以发现他与怀疑主义者有着较为相似的立场。德里达以不同的方式界定了"绝境"，他试图通过这一术语来表明，哲学和其他形式的言说与书写都是不稳定的。他认为，在每一个哲学断言、论证和体系之前，都始终存在着

无规则性、无法确定性和无知性。对于德里达而言，这种状况不能
通过哲学论述来把握，只有聪明的哲学家才能通过绝境发现它。因
此，除了失败和无能为力之外，哲学绝境或许有着更多的用途。

同时参见：

3.29* 　自我挫败论证

2.4 　黑格尔的主/奴辩证法

3.2 　延异、解构主义和对"在场"的批判

4.10 　怀疑主义

推荐读物：

Jacques Derrida (1993). *Aporias*.

Gregory Vlastos (1994). The Socratic elenchus：method is all.
In：*Socratic Studies*, pp. 1 – 38.

Nicholas Rescher (2001). *Philosophical Reasoning*.

★ John Greco (2008). *The Oxford Handbook of Skepticism*.

2.4　黑格尔的主/奴辩证法

威廉·福克纳（William Faulkner）1932 年的小说《八月之光》
（*Light in August*）中，有一幕讲述了一个垂死的非裔美国人乔·
克里斯默斯的凝视，这让萨特印象深刻（《存在与虚无》，3.3.2）。
当他被处以私刑时，克里斯默斯将他的目光固定在杀害他的白人凶
手的眼睛上。尽管在其他方面他无助地死去，但克里斯默斯却在那
一刻对他们取得了某种胜利。他的"目光"［萨特称之为"凝视"
（le regard）］将伴随他们的余生，而且在这种目光中，他们发现克

里斯默斯不仅不屈不挠，而且在某种意义上更加优越。

　　萨特文本中的这一部分有一个哲学背景，起源于黑格尔 1807 年的《精神现象学》（B. IV. a，"自我意识"）。这个段落通常指向"主/奴辩证法"（master/slave dialectic）。黑格尔自己的德文术语是 Herrschaft 和 Knechtschaft，更普遍的意思是"统治"和"奴役"。这段话被广泛解读，但我们并不清楚黑格尔是对社会群体之间的关系更感兴趣，还是对个人之间的关系更感兴趣，或者仅仅是对任何单一心灵的划分更感兴趣（例如，统治性的理性和奴隶性的激情之间的关系）。尽管如此，这段话的影响仍是广泛而深刻的。

统治、它的颠倒，以及它的克服

　　黑格尔明白，伦理和政治生活并不是有意识的人类主体与事物之间的相互作用。毋宁说，它是一种（形式的）意识与另一种（形式的）意识之间的关系，甚至是一种意识与其自身的关系。一个人与一块石头之间的关系既不是道德的，也不是政治的。然而，一个人与另一个有意识的生命之间的关系却是如此。

　　在黑格尔的叙述中，当两种意识（个人的或集体的）第一次相遇时，它们之间就会发生一种生与死的斗争。一方支配另一方，要求从属者承认主人的自由和优越。起初，被支配或被奴役的人只能通过主人的视角来理解自己——就像主人所看到的那样，作为完全依赖主人的客体和工具。但渐渐地，情况发生了转变。

　　主人开始意识到自己对奴隶的依赖，一方面是因为奴隶不承认他是主人，他就无法成为主人，另一方面是因为满足主人的欲望需要奴隶的劳动和技能。主人也会发现自己的地位是脆弱和不安的，因为奴隶对主人优越地位的承认并非出于自愿，而是被迫的。只要有机会，这种优越顷刻之间就会消失。

　　同时，奴隶通过自己的视角，逐渐实现了不依赖于主人的自我认知。奴隶是通过劳动，通过改造其所居住的物质世界来实现这一点的。奴隶学习技能、纪律和协调能力。他们甚至获得了一种超越主人的认知优势，因为他们既了解主人的世界，也了解自己的世界（毕竟，他们在这两个世界里工作和生活），而主人则被限制在自己所处的精英小圈子里。想想看，一个管家或办公室清洁工既知道老板的生活，也知道自己的生活，而他那些有钱的雇主只知道他们自己的世界。奴隶意识的这种转变和成熟具有讽刺意味，因为它是从主人给奴隶分配的工作中浮现出来的。正是主人的统治实践，最终埋下了统治崩溃的种子。

　　什么能终结主人与奴隶之间的辩证法呢？当然，这种关系可以简单地颠倒过来（就像乔·克里斯默斯所做的那样），奴隶变成主人，主人变成奴隶。或者，它也可以僵化，变得固定。然而，对于黑格尔来说，还有一条出路：互相和平等的承认。双方都成为自由和平等的存在者，像平等公民一样互相理解，就像最初一样，主/奴辩证法就终结了。在此之前，意识将遭受一种压抑的不快乐——双方都是这样。

政治意义

　　黑格尔的叙述可以描述心灵的不同部分——理性和情感——的结合。它也启发了许多社会政治哲学家的分析。马克思主义者在辩证法中看到了不同经济阶层之间的斗争，这是一种主从关系，只能通过平等主义、无阶级的共产主义社会秩序来克服。而西蒙娜·德·波伏瓦（Simone de Beauvoir）和其他女性主义者，则看到了男权社会中男女之间的辩证法，并且期望一种没有性别歧视的政治秩序和性别正义。性别哲学家也做出了类似的举动，他们对顺性别（cis-gender）和跨性别（trans-gender）文化之间的关系，以及生活在性别二元体系中的人与性别酷儿之间的关系感兴趣。认识论立场的理论家把注意力集中在黑格尔的解释方式上，即从属的人如何能够对他们所从属的秩序具有独特的理解，某些情况下甚至是优越的理解。

黑格尔的观点帮助了许多人，他们不再简单地把从属阶级仅仅看作受害者，于是，他们所拥有的能够进行变革的特有知识和权力，也就不会为居高临下的或高人一等的凝视所掩盖。即便环境伦理学家也从中受益，他们重视非人类的独特能力，而不是把人类的意识和价值特征强加给它们。动物伦理学家也以这种方式来形容自己，他们称自己在进行"后人类"（post-human）的工作，即根据其他动物自身的视角来认识它们，而不是询问其他动物与人类有何相似之处。通过这种方式，他们希望界定一种真正的平等主义和相互解放的生态伦理。

要运用这一工具，在分析社会秩序时，就要考虑支配者和从属者的意识对社会秩序的不同理解。考虑一下你自己的意识处于何种状态。找到真实和潜在的方式，让从属者能够独立于支配者去看清他们自己的自由意识，甚至是更优越的意识。想想支配者怎么反而要依赖他们所支配的人，一个更加互助的和平等的（或者至少不那么压迫的）秩序如何能够促进他们意识的发展，以及促进他们所处社会世界的发展。

同时参见：

2.3*　辩证法

3.1　阶级批判

3.4　女性主义与性别批判

推荐读物：

★ Peter Singer（1983）. *Hegel：A Very Short Introduction*.
John O'Neil（ed.）（1996）. *Hegel's Dialectic of Desire and Recognition*.

★ Stephen Houlgate（2013）. *A Reader's Guide to Hegel's Phenomenology of Spirit*.

2.5　休谟之叉

让我们思考以下两个陈述：

> 1. 所有罪犯都违反了法律。
> 2. 雷吉·科雷①是个罪犯。

你肯定认为这两个陈述都是正确的，但按照大卫·休谟的观点，它们正确的理由却不尽相同。若要理解这个差异，你首先需要知道人类知识的两种基本类型。

第一种

就第一种情况而言，"所有罪犯都违反了法律"的正确性源自

---

①　20 世纪 60 年代，伦敦著名黑帮头目之一。

定义，因为"罪犯"意味着他是一个违反了法律的人。换言之，句子的第二个部分（谓语）仅仅重复了第一个部分（主语）中已经涵盖的内容。这样的陈述被称为"分析真理"、"必然真理"或重言式。（然而，奎因已经开始质疑这样的重言式了，参见 1.3 和 1.16。）

重言式的一个特点是它们必然为真，否认它们的正确性本身就是一种逻辑矛盾。"不是所有罪犯都违反了法律"就是一个自相矛盾的陈述，因此必然为假。这就相当于说，有一个罪犯（违反了法律），但他又没有违反法律。（然而，根据一些涉及怀疑主义和理性的技术性原因，休谟却认为，对于特定观念之间关系的真理而言，它们的确定性可能是暂时的。但这说来话长；参见 4.10 和他的《人性论》，1.4.1。）

然而，这种绝对可靠的真理却有自身的局限性。根据休谟的观点，这种具有确定性的真理不能有效地描述这个世界。例如，"所有罪犯都违反了法律"之所以无法描述这个世界，是因为它没有告诉我们这个世界上有没有罪犯，哪些人是罪犯，他们违反了什么法律，等等。这句话仅仅告诉我们"罪犯"这个词的含义而已。

根据休谟的观点，数学和几何学的真理与重言式同属于一种知识范畴，他称之为"观念的关系"（the relations of ideas）。例如，$1+1=2$ 必然是真的，因为"1""2""+""="的含义已经给定，根据这些含义，该陈述依其定义便是真的。只有在这些数字和符号所代表的含义并非其实际所指的情况下，$1+1=2$ 才有可能是假的。但此时，我们面对的已经是语义完全不同的另一个陈述了。因此，假如数字和符号的含义（奎因或许会问，这个含义到底是什么）不变，那么总和的真假必然能够确定。

这种数学真理同样具有重言式的另一个特点，即它们没有告诉我们现实世界到底是什么样子。例如，它们不会告诉我们，1 滴水加上 1 滴水，究竟得到 2 滴水、1 滴体积更大的水，还是完全别的东西。这样的知识属于休谟的第二种范畴，即"实际的真相"（matters of fact）——我们通过经验而不是仅仅通过分析观念所获得的知识。

第二种

"雷吉·科雷是个罪犯"就属于第二种，因为我们无法根据句子中使用的词语来判断这个句子的真假。要想知道它到底是真是假，我们需要了解这个世界。假如雷吉·科雷违反了法律，那么他就是一个罪犯。换言之，世界中真实发生的事情才能决定这种陈述的真假，而非词语或概念的含义。

因此，不同于"观念的联系"，"实际的真相"能够告诉我们有关这个世界的信息。然而，它并不像"观念的关系"那样，具有确凿无疑的真理性。比如，"罪犯没有违反法律"一定是自相矛盾的，但假如说"雷吉·科雷不是罪犯"，则没有引出任何矛盾。换言之，不同于"观念的联系"，"实际的真相"的对立面在逻辑上永远有可能是真的。

对许多哲学家来说，这意味着，即使是他们对事实做出的最好主张，也只能是可能正确的，而不是肯定正确的（尽管在细节上这并非没有争议）。正是由于这个原因，许多古代的数学命题至今仍然是可靠的（它们没有错的可能），但古代的科学命题几乎都是错的（描述现实世界的命题始终都有错的可能）。这就是法官们对于"罪犯"的定义并无分歧，但有时却会造成司法不公的原因。

于是，"休谟之叉"（Hume's fork）将人类知识区分成两个不同的领域：（1）观念的联系，具有逻辑确定性，但并不描述现实世界；（2）实际的真相，始终都有错的可能，但描述了现实世界。

怀疑主义的重要性

假如休谟之叉是对的，那么我们描述现实世界的知识就永远不可能必然为真。从逻辑上来说，世界总有可能是另外一种样子。对于怀疑主义者来说，这意味着对事实总是有怀疑的余地。这便是休谟怀疑主义的核心思想。为了回应他，德国哲学家伊曼努尔·康德坚称，自然科学中有一些基础性的命题，并不属于分析命题，但同样是必然的，他称之为"先验综合判断"（参见 1.1 和 1.3）。

不过，休谟之叉的重要意义或许在于：它告诫我们，任何试图证明世界必然如此的论证都是有缺陷的。哲学史上充斥着这样的命题：宇宙产生必然有一个最初的原因；时间和空间必然不能分割；必然有一个上帝。假如休谟所言属实，那么这些命题就全都不可靠。因此，休谟之叉是一个强有力的工具，虽然仍有异议，但已然得到了大多哲学家的认同。

同时参见：

1.2*　演绎

1.1　先验/后验

1.3　分析/综合

1.10　蕴含/蕴涵

推荐读物：

David Hume（1748）. *An Enquiry Concerning Human Under-*

standing.

W. V. O. Quine（1953）. Two dogmas of empiricism. In：*From a Logical Point of View*.

Gillian Russell（2008）. *Truth in Virtue of Meaning*：*A Defence of the Analytic/Synthetic Distinction*.

★ Cory Juhl and Eric Loomis（2010）. *Analyticity*.

2.6　间接话语

　　著名的蒙提·派森（Monty Python）① 曾经表演过一个小品：酒馆里的一个人走到另一个人身边，大声地叫嚷道："碰碰你，碰碰你。给你抛媚眼，给你抛媚眼。知道我的意思，知道我的意思？别说了！别说了！"另一个人耸耸肩，表示自己不知道（至少装作不知道）他在说些什么。过了一会儿，台下爆发出雷鸣般的笑声。

　　哲学研究通常使用正式论文和专著所特有的形式与技巧。但有时，人们更倾向于暗示的而非直白的表述，更看重煽情的而非分析的内容，更青睐于隐晦的智力暗示而非明确的论证、辨析和理论构建。因此，有些哲学家采用了格言和短评、对谈、忏悔、虚构的小说，甚至诗歌等表达方式（2.1，4.4）。这些可供选择的技巧中的许多都可以被认为是间接话语的形式。然而，为什么要使用间接引语，它们的目的是什么？

―――――――――――

　　①　又译作"巨蟒剧团"，是英国的一组超现实幽默表演团体。

克尔恺郭尔的"间接沟通"

丹麦哲学家克尔恺郭尔的许多著作都是以笔名发表的。例如，他的著名作品《非此即彼》(*Either/Or*，1843) 就由两部分构成，分别署名为两个不同的作者，匿名 A 和威尔海姆法官。早些年，很多哲学家（比如，约翰·洛克）害怕报复，因而会匿名发表作品，但克尔恺郭尔却不是出于这个原因，因为几乎所有人都知道他是这本书的作者。克尔恺郭尔之所以这样做，是为了表达一种哲学观点，他称之为"间接沟通"(indirect communication)。

以直接论证来表达观点的写作方式一般具有权威性，尤其在出自像克尔恺郭尔这样的著名哲学家之手时。它会以真理自居，就像说"事实就是这样"，而以笔名写作则避免了这一点。这样做会强迫读者猜想，书中表达的观点到底属于克尔恺郭尔，还是属于他笔下的人物。因此，决定书中的哪些观点值得接受，就成了读者自己的责任。使用一个笔名，尤其是使用多个笔名，也会引起同样的问题，即某种哲学立场到底是否属于一个个体的表达。通过这样做，当读者选择自己更支持哪种立场而非另一种立场时，他就必须做出自己的决定。柏拉图和休谟所写的对话录，也有类似的功能。

对于克尔恺郭尔来说，使用笔名特别重要。它意味着，无论是赞同抑或批判一个谈论世界的观点，我们都必须进入这个观点的视野。换言之，我们虽然很想站在价值中立的立场去评价哲学命题，但这种绝对中立的立场并不存在。我们无法逃避对现存的选项做出选择。

什么可以言说，什么只能显示

选择间接话语的另一个原因是，有些哲学问题并不能通过直接的方式（言说和书写）而得到准确、清晰的界定。黑格尔和其他 19 世纪的德国哲学家认为，哲学应该构建单一的、统一的、理性的体系，进而解释终极真理，但克尔恺郭尔却不认同他们的观点。对于克尔恺郭尔来说，系统化的哲学不但难以实现，而且不值得追求。奥地利哲学家维特根斯坦似乎在《逻辑哲学论》中提出了相似的观点。维特根斯坦认为，有些事物只能被"言说"（said），特别是那些关于世界本身以及构成世界的事实的陈述，但其他事物只能被"显示"（shown）。例如，命题的逻辑形式和伦理的东西，用维特根斯坦自己的术语来说，都是"神秘的"："的确有不可言说的东西。它们显示自己，它们是神秘的东西（das Mystische）"（♯6.522）。

进而，维特根斯坦在该书的结尾之处把问题再一次复杂化，他表示，凡是真正理解该书的读者，都会超越该书："我的命题应当是以如下方式来起阐明作用的：任何理解我的人，当他用这些命题为梯级而超越了它们时，最终就会认识到它们是无意义的。（可以说，在登上高处之后他必须把梯子扔掉）"（♯6.54）。这是否意味着该评论同样可以被视作无意义的？真正重要的难道不是该书所言说的部分，而是该书显示出的内容？

解读者们都对维特根斯坦的评论迷惑不解，有人认为这说明了语言的局限性（即有些内容不能通过语言来直接表达），有人认为这说明了哲学的无意义（即有些内容不能为哲学理性所把握）。无论是何种情况，维特根斯坦的评论都引出了一个重要的问题：要想表述超越语言的内容，我们应该使用什么工具呢？许多中世纪的哲学家都曾思考过这样的问题，他们要言说或描写上帝，而上帝又是超越人类语言和人类理性的存在者。

　　许多人都认为，某些间接沟通将会导致歧义。而且，假定有些事物无法通过思想或语言来表达，这似乎也毫无意义。如果这样的事物真的存在，至少思考、谈论或书写它们是没有意义的，甚至有些荒谬。或许正如维特根斯坦所言，我们最好对此类事物保持沉默，完全不用理会那些企图探究这类事物的人。毕竟，"对于瞎的蝙蝠而言，我们对它点头和抛媚眼都是一样的"。

　　同时参见：

2.1　格言、片段、短评

2.3　诘难和绝境

2.9　现象学方法

4.4　哲学与艺术/作为艺术的哲学

　　推荐读物：

Roger Poole（1993）．*Kierkegaard：The Indirect Communication*．

Hans D. Sluga and David G. Stern（1996）．*The Cambridge Companion to Wittgenstein*．

Marjorie Perloff（1999）．*Wittgenstein's Ladder：The Strangeness of the Ordinary*．

John D. Caputo（2008）．*How to Read Kierkegaard*．

★ Michael Boylan and Charles Johnson（2010）．*Philosophy：An Innovative Introduction*，Part 1．

2.7　莱布尼茨的同一律

在日常语言中，事物"同一"（identical）的说法是模棱两可的。我们可以说两个不同的事物同一或相同，比如两辆刚下生产线的轿车，它们有相同的型号、颜色、功能，等等。我们可以说同一个事物以两种不同的方式同一，比如金星既被称为"晨星"，又被称为"暮星"，或者"比尔·盖茨"和"微软的创始人"是同一的。后一种同一性（即我们认为两个不同的术语是同一的，因为它们指向相同的人或对象）是一种较为严格的同一性，而且正是莱布尼茨的同一律所研究的主题。这个强有力的哲学工具归功于德国哲学家戈特弗里德·威廉·莱布尼茨，首次见于他的《形而上学论》（*Discoure on Metaphysics*，1686）。

莱布尼茨的同一律用简单的术语揭示了 X 和 Y 在何种条件下是同一的，其经典的陈述形式如下：

> X 和 Y 是同一的，当且仅当 X 的所有属性都是 Y 的属性，且 Y 的所有属性都是 X 的属性。

它与另一个原则相似，但又有非常重要的差异，即"不可辨别的同一性"原则［Principle of the "Identity of Indiscernibles"；有时，该原则也被称为"同一的不可辨别性"（Indiscernibility of Identicals）］：

> X 和 Y 之间不可辨别，当且仅当 X 和 Y 是同一的。

第二个原则通过事物被心灵认知或把握的方式来界定同一性

（假如心灵不能识别两个事物之间的差异，它们就是同一的）；相对而言，前一个原则根据客体自身的属性来界定同一性（无论它们能否被识别，只要事物具有相同的属性，它们便是同一的）。这两个不同的原则，分别暗示了两种不同的形而上学和认识论立场。

无论如何，对于大多数实践目的而言，这些原则似乎显然是正确的，并且起着类似的作用。例如，假若关于 JFK（约翰·肯尼迪）的凶手的所有一切，完全符合李·哈维·奥斯瓦尔德的所有一切，那么奥斯瓦尔德就一定是杀害 JFK 的凶手。

心灵-大脑的例子

然而，使用莱布尼茨的同一律进行判断并不容易，满足它的条件也并非总是那么清晰。在心灵哲学中，这一点尤为明显。有命题指出，心灵状态与大脑状态是同一的。心灵-大脑同一的观点极易引起争议，因为大脑状态是一种身体（物理）状态，只有身体（物理）属性；而心灵状态则具有精神属性，不能简单地还原成一种物理属性。例如，该论证认为，我们不能简单地用物理的术语来描述疼痛的感觉。假如这个观点正确，那么按照莱布尼茨的同一律，心灵状态与大脑状态就不是同一的。因为前者具有的属性，后者并不具有。在他的第六个沉思中，法国哲学家笛卡尔对思想实体（心灵）与物质实体（身体）进行了"真正的"或形而上学的区分，他就采用了相似的推论方式。

这个观点引起了人们的争论。通过上述论证，我们可以得到心灵状态与大脑状态并不同一的结论。但是，我们也可以声称，大脑状态能够或者的确具有精神属性。或许通过将来的科技，我们能够澄清这两者到底具有何种属性，以及是否满足莱布尼茨的同一律，从而终结这个争论。无论如何，争论的双方都没有否定莱布尼茨的同一律，而只是对大脑的含义理解不同而已。

空间和时间，两者不同却难以辨别？

"不可辨别的同一性"有一个潜在的弱点，就是我们是否应该把"空间-时间"视作一种属性。假如珍和玛丽具有相同的身体属性，并且具有相同的思想和感受，但是珍在香港而玛丽在纽约，她们就不可能是同一的。因此，假若 X 和 Y 是同一的，那么 X 和 Y 就必须在相同的时间处于相同的地点。

然而，麦克斯·布莱克（Max Black）于 1952 年构建了一个思想实验，正是为了追问两个具有所有相同属性的人，唯独所处空间不同时，能否得以辨别。设想有一个独立的宇宙，其中只有两个铁球 A 和 B，它们完全相同，唯独处于不同的地理位置。我们能否说两者不同，却难以辨别呢？虽然我们可以说 A 在 B 的前方，相距一定的距离；但"在前方"是一个相对的概念，我们也可以说 B 在 A 的前方，相距同样的距离。类似的是，A 在 B 的右边；但同样，我们也可以说 B 在 A 的右边，等等。除了处于不同的位置之外，这两个铁球似乎没有不同的属性。似乎不可能弄清楚哪个是 A，哪个是 B；在任何情况下，指定它们都完全是武断的。甚至，我们还可以设想两个不同却又完全对称的宇宙。它们能否有差异（不同一），却又无法辨别呢？或者，我们能否说，同一个实体能够同时处于不同的地点呢？

中世纪形而上学思想家邓斯·司各脱提出了类似的问题。他指出，事物除了各种不同的属性之外，还具有"这个性"（thisness）或者"个体性"（haecceity），它足以将一个事物与另一个事物区分开来。然而，假若每个事物都具有"这一个"，但"这一个"又不是一种属性，那么事物之间岂不是可以具有完全相同的属性，却具有不同的"这一个"。或者，"这一个"应该被视为一种属性？

个人同一性的问题

在近期对"个人同一性"（personal identity）的讨论中，莱布尼茨的同一律也派上了用场。许多哲学家都认为，个人同一性取决于心理的"连通性"（connectedness）和"连续性"（continuity）：假如一个未来的人 X 与一个现在的人 Y 在心理上是连通或连续的，X 和 Y 就是同一个人。大致来说，若 X 和 Y "在心理上是连通或连续的"，X 就具有 Y 的记忆、意志和性格，并具有正常人随着时间发展而表现出的延续性。

假如这是真的，人们似乎就能在"隔空移动"（teletransportation）中幸存下来。"隔空移动"是一种科幻的移动方式：首先将人原来的肉身摧毁，收集到所有信息资料之后，再将它们发送至另一个地方，比如火星，最后在那个地方重新创造出具有相同属性的一个人。假如通过这个过程，火星上的人与传送之前的地球人具有相同的心理状态，那么心理还原主义者就会认为，他们是同一个人。换言之，如果你经历了隔空移动之后，出现在火星上的人还记得发生了什么事情，而且他/她与你有相同的想法、计划和性格，那么他/她就是你。

批判者则提出了一个反例：万一这个机器发生了故障，同时在火星上创造了两个你，该怎么理解呢？就此情况而言，按照莱布尼茨的同一律，火星上的两个人肯定不能都是你。我们把隔空移动之前的地球人称为 A，把火星上的两个人分别称为 X 和 Y。如果 A 和 X 同一，A 也和 Y 同一，那么说 X 和 Y 不同似乎就太诡异了。既然 X 和 Y 在各个方面都与 A 是一致的，那么 X 和 Y 彼此之间难道不也是同一的吗？但是，按照莱布尼茨的同一律（假如 X＝Y，那么 X 和 Y 就具有相同的属性），X 和 Y 显然并不同一，因为 X 用刀割自己一下，Y 身上不会有伤痕；X 所在之处，Y 无法同时在那里。总之，X 的很多属性，Y 都不具备，因而它们不可能是同一的。因此，若 X 和 Y 并不同一，那么它们就不可能都与 A 同一，不是吗？

变化的问题

莱布尼茨的同一律似乎同样会导致赫拉克利特问题。古希腊前苏格拉底时期的哲学家爱非斯的赫拉克利特认为，人不可能两次踏进同一条河流，因为河流在不停地变化。河水的位置、河流的构成以及河床等，都在不停地改变。这一点不只适用于河流。假如时间和空间能够被视为事物的相关属性，那么 X 在时间 T_1 的属性与 X 在时间 T_2 的属性就不尽相同，因而它们就是不同的事物——X_1 和较晚的 X_2。因此，诡异的结论就是，时间一旦改变，一个人就不再是以前的那个人了。在任何一个时刻，你都成为另外一个人，而这或许是 18 世纪哲学家大卫·休谟表达的意思。于是，假如要拯救个人的同一性，我们就必须处理好"穿越时空之后不再相同"（按照莱布尼茨的同一律）与"穿越时空之后仍然相同"（按照记忆、性格、常识、因果连续性等进行判断的心理决定论）这两种观点之间的分歧。

　　个人同一性本质上是心理与其他形式的连续性，对于这个观点，莱布尼茨的同一律并不必然是一种摧毁性的力量。但是，与之相关的麻烦问题却需要较为复杂的回应。

同时参见：

3.21* 　蒙面人谬误

1.12 　本质/偶性

1.26 　类型/个例

推荐读物：

Gottfried Wilhelm von Leibniz（1686）. *Discourse on Meta-physics*.

Gottfried Wilhelm von Leibniz（1704）. *New Essays on Human Understanding*，Bk 2，Ch. 27.

Max Black（1952）. The identity of indiscernibles. *Mind* 61（242）：153 – 164.

★ Derek Parfit（1986）. *Reasons and Persons*.

2.8　奥卡姆剃刀

　　苏格拉底之前的哲学家们，都试图将世界多姿多彩的表象还原成单一的基础抑或"本原"（archē）[例如，泰勒斯（Thalēs）声称"万物源于水"]。这表明，为后人所熟知的奥卡姆剃刀原则其实和哲学一样古老。这个原则是哲学思考的基本原则，以中世纪的方济会修士奥卡姆的威廉的名字命名，它可被表述为：如无必要，勿增实体（entities should not be multiplied beyond necessity）。换言之，哲学和科学的理论都应该尽可能地不增添实体。剃刀原则的第二种形式更加宽泛，它不仅关注实体的数量，而且涉及整个解释的效用：假若两个理论能够同时解释一个既定的现象，我们就应该选取更加简单的那个解释。因此，奥卡姆剃刀同样被称为"简单性原则"（Principle of Simplicity）。奥卡姆本人还以多种方式表达过这一原则，比如"如无必要，不要假定多样性"。

　　奥卡姆剃刀在哲学中有太多的应用，以至于人们通常都不会明确地提及它。奥卡姆本人试图用这个原则来消解新柏拉图主义的概念——"创世者心灵中的理念"。当时许多哲学家认为这个概念是物质客体存在的终极理由，但在奥卡姆看来，物质客体足以说明自身的存在。虽然奥卡姆的观点常常被视为"常识"，不过，他也曾异想天开地指出：我们不需要"移动"的观念，因为更简单的解释是，物体不过在另一个地方再次出现了。但这种用法可不是宣传这个工具的最佳广告。

方法论原则

　　奥卡姆剃刀并非一个形而上学的论断，而是一个有用的经验原则或方法论原则。有时，一个较为复杂的解释可能更加准确，不过这并没有否定该原则的一般用途。起码，我们在选取复杂的解释之前，先去了解一下简单的解释不失为明智之举。例如，一个图像上有 5 个点，它们能够用一条直线连接起来，我们就不要用无穷多的曲线来连接它们。假如我们在进行科学研究，我们就会得出这 5 个

点之间具有线性关系的结论。这个结论被认为是正确的，除非出现
新的数据（不在这条直线上的点）证明并非如此。

形而上学原则

然而，有些哲学家在更深层的意义上使用了剃刀原则。他们不
仅将其视作一个方法论原则，而且用其来证明更加具体的结论。例
如，某些心灵哲学中的行为主义者认为，我们无须考虑第一视角之
人（语言和行为的执行者）的心理状态（思想、感觉、意图、情
感，等等），就足以将语言和行为解释清楚。因此，依据奥卡姆剃
刀，他们否认这些心理状态的存在。以前的解释要求我们把身体行
为、大脑状态（客观的）与主观的心理状态统一起来，与之相比，
他们的解释显然更加简单。但批判者则认为，只有我们"佯装麻
木"（feign anaesthesia），即假装我们没有感觉或情感，行为主义者
的解释才看似有理。

或许，"没有主观的心理状态"这个结论有点过分了。更多的
温和行为主义者则认为，它们并非不存在，但在解释人类行为之时
根本起不到任何作用。或者说，我们对事物的感觉或情感，可能仅
仅是导致我们行为的物理过程的副产品或"附带现象"（epiphe-
nomenon），这在科学解释中是有体现的。在这个例子中，剃刀原则
则并没有被用于否定实体（主观的心理状态）的存在，而是被用于
把一个解释中的无效因素剔除出来。还有一个例子也是用这种方法
使用剃刀原则的：上帝并非不存在，但我们在解释自然世界和人类
为何是现在这个样子的时候，却不需要考虑上帝。

简单性对完整性

上述行为主义者的例子阐明了一个很好的标准：理论可以变得
更简单，但不能因此而变得不完整。完整的解释应该能够说明所有
的相关现象。就上述例子而言，它们能够解释许多相关现象，比如
人类的言论和行为举止；但是，它们却不能解释人们的主观的心理
状态，比如幻想或感受到痛苦。纵使它们在我们的行为过程中没有
起到任何作用，完整的解释也应该能够说明它们。因此，唯一的替
代性解释便是，否定这些现象的真实性。而在这种情况下，我们则
还要解释，我们为何最初会误以为它们是存在的。

换言之，"奥卡姆剃刀"要服从"其他条件不变"（ceteris pari-
bus）的条款。显然，如果一个较为简单的解释相较于一个更为复
杂的解释而言，不够完整，或者无法与其他已被接受的理论保持和
谐，那么人们就不应该选择它。切记，这个原则绝不是要我们为了
简单而简单。

同时参见：

3.6* 　其他条件不变

3.15* 　错误论

3.28* 　拯救现象

推荐读物：

William of Ockham (1323/1488). *Summa totius logicae.*

William of Ockham ［post-1324 （attributed）/1494］. *Sum-
mulae in libros physicorum.*

★ Galen Foresman，Peter S. Fosl，and Jamie C. Watson （2016）.

The Critical Thinking Toolkit.

2.9　现象学方法

哲学家托马斯·内格尔曾提出一个著名的问题：成为一只蝙蝠是什么样？相比之下，现象学或许要考虑的问题是：成为一个人是什么样或如何才可能成为一个人？存在是什么样？

还原和悬搁

现象学家认为，"意识"（consciousness）是人类存在的基础。假若要理解意识，以及意识和世界的呈现方式，就要采用埃德蒙德·胡塞尔所发明的现象学方法，即"现象学悬搁"［phenomenological epochē；参见《观念》（*Ideas*，1913）］。他们把悬搁的过程和结果称为"现象学还原"（phenomenological reduction），或称为"先验还原"（transcendental reduction）。而悬搁或"悬置"（源自古希腊怀疑主义的一个术语）的任务，就是把已经深陷"自然态度"（natural attitude；4.10）之中的人，重新撤回来。因为当我们深陷自然态度之中时，我们只会把自己视为日常世界中自然事物的一个组成部分，我们不过是认识的客体，并且和其他客体一样，受到自然规律的支配。心理学家理解大脑与科学家理解人类的方式，都是自然态度的典型代表。

"现象学还原"并不想要（或不能）决定什么是自然态度或科学。将"什么存在，什么不存在""什么是真，什么是假"等问题悬置起来，就相当于给它们"加上括号"，以便现象学家关注其他问题，比如意识和意向性①行为（intentional acts）等。意向性行为刻画了我们在世界中的存在，其中还包括源于自我意识的行为。因此，现象学研究的是那些我们通常不会注意的事物，即便在科学领域也是如此。具体来说，现象学研究的对象是先验的，因为它们使自然科学和社会科学成为可能，更根本的是，它们也让我们自己以及我们所处的世界得以显现。

目的在于？

现象学家声称，通过现象学还原，他们开辟了无限多的研究领域，而且已经在意识的相关研究中获得了许多进展。他们认为，物质客体通常已经成为具有"意向性"的意向行为（noesis）的意识对象（noema）。胡塞尔曾说："所有意识"都是关于某物的"意识"。换言之，所有事物都是意识的对象。正如现象学家罗伯特·索科罗斯基（Robert Sokolowski）所言，我们是世界的"承受格"（dative）②。例如，通过我们的意向性行为，即我们有意识地把石头看作物质客体（把它看作镇纸、纪念品、敲打谷粒的工具、讨厌或想要得到的物品、建筑材料、武器、碳和硅的合成物、幻想物、或者想象中、睡梦中的物体，等等），石头才会显现出来。现象学家马丁·海德格尔甚至走得更远，认为人类居住的世界中的万事万

① 意向性就是意识指向某对象的指向性，比如感觉是对某物的感觉，爱是对某对象的爱，等等。

② 或译"与格"，它存在于拉丁语、俄语、古英语和德语等之中。就德语而言，一些介词要求其后的名词使用与格。这也就意味着，使用与格的名词是动作的承受者。

物都不过是人类的工具、人工制品、障碍物或刺激物等，通过人类的"操心"（care）和"操劳"（concern）而与人类有所关联。对于海德格尔而言，事物成为科学的研究对象，不过是衍生出来的抽象方式。

现象学家还有其他发现，比如指出：与精神客体不同，物质客体只能被部分地感知到（你无法同时感知到一个物体的方方面面）。物质客体始终有一个侧面，是我们无法看到的。此外，像思想之类的客体，只有通过其他客体的"视域"（horizon，或译"地平线"）才能显现。该客体与其他客体之间的关系可以是多种多样的，比如因果关系、空间关系，等等。因此，只有凭借其他事物的视域，一个事物才能是其所是。同时，客体只能作为整体（或"世界"）的部分而存在，但整体要大于所有部分的总和。还有，事物只能暂时地显现。然而，时间并不是一系列"当下"（present moments）的总和；相反，通过"向前看"（prospection，或译"预期"，期待接下来发生的事）和"向后看"（retrospection，或译"回顾"，保留曾经发生过的事）这两种意向性行为，"当下"才能自我显现。或者说，只有根据过去或历史中发生过的事，我们才能大致了解"当下"在未来可能具有什么样的意义。

据胡塞尔所言，哲学家现今务必要对先验意识的内容、结构和意义进行调查研究，因为这是一件势在必行的善事。维特根斯坦就把自己的语言哲学著作视为对"蛊惑"（bewitchment）的"治疗"，而语言对人们的蛊惑早已把哲学囚禁在了充满胡言乱语的"捕蝇瓶"之中。同样，胡塞尔看到虚无主义和怀疑主义对西方文明的影响之后，便把现象学称为"严格的科学"（rigorous science），这正是他回应怀疑主义的战斗号角。

成为……是什么样？

胡塞尔企图描述世界和意识之"本质"（essences）的"本质"（eidetic）[①] 直观，但受到海德格尔影响的现象学家却认为，他的这种做法并不现实（4.9）。在他们看来，现象学要为"事物是什么样的"提供多种不同的解释（虽然可能有一种解释比其他解释更加深刻、完满或正确）。自然科学家发现了世界的物质构成以及自然规律，文学家用叙事小说或诗歌解释了我们存在的意义；相反，解释学或"诠释学"现象学家则提供了许多精致和抽象的哲学概念，帮助我们理解事物或行为（比如身体、阅读、思考、想象和感觉）是什么样的。对于记住一首歌、观察到流星、分娩等行为而言，我们了解到它们的化学或神经维度是一回事，而全面地把握"它们是什么样的"则是另一回事。因此，理解这个世界的自然过程是一回事，而把握世界中存在的意向性行为则是另一回事。

同时参见：

2.9* 　还原

2.11　先验论证

3.6　海德格尔对形而上学的批判

4.10　怀疑主义

------

① eidetic 是希腊文 eidos 的形容词形式。粗略地说，"本质直观"不同于"经验直观"：经验直观是对个别、特殊对象的直观；本质直观是对某类事物之普遍本质的直观。"本质直观"亦不同于"形式直观"："范畴直观"属于形式直观，但本质直观是普遍化，而不是形式化。

推荐读物：

Robert Sokolowski（1999）．*Introduction to Phenomenology*．

Klaus Held（2003）．Husserl's phenomenological method. In：*The New Husserl*（ed. D. Welton），pp. 3 – 31.

D. Smith（2003）．*Routledge Philosophy Guidebook to Husserl and the Cartesian Meditations*．

★ Shaun Gallagher（2012）．*Phenomenology*．

★ Stephan Kaufer and Anthony Chemero（2015）．*Phenomenology：An Introduction*．

2.10　符号和能指

法国超现实主义画家勒内·马格利特（René Magritte）创作有著名的系列作品，即《形象的叛逆》（*The Treachery of Images*，1928—1929），其中有一幅画的是一根烟斗，而他却在烟斗的下方写道：“这不是一根烟斗”（Ceci n'est pas une pipe）。这幅滑稽的超现实主义作品体现了“图画描述的内容”与“语句表述的内容”之间的张力。然而，这幅画的妙趣远不止于此。正如马格利特所言，这句话并非有错，或者说，这句话并非与图画不一致。毕竟，图画不是烟斗，它不过描绘了烟斗而已。

我们也可以用同样的思路来谈论语言，或者更宽泛地说，谈论符号。美元的符号（“＄”）自身并不是美元，用钢笔写下的“狗”也不是真的狗。然而，它们却可以帮助我们描述真正的美元和狗，帮助我们指出它们、命名它们、界定它们，并将它们区别于猫和欧元。在"符号语言学"（semiotics）和"符号学"（semiology）中，被称作词语的音素与符号在表达意义的过程中所起作用的方式，都已经得到了较为广泛的研究。纵使它们很深奥，我们仍要大致了解"符号"（sign）和"能指"（signifier，或译"意符"）概念在这些领域中的作用。

皮尔斯和索绪尔：符号科学

美国实用主义哲学家皮尔斯（C. S. Peirce，1839—1914）和瑞士语言学家费尔迪南·德·索绪尔（Ferdinand de Saussure，1857—1913），是近些年最重要的符号学专家。他们两人都很努力地解释了符号究竟是如何发挥作用的。皮尔斯认为符号是三分的，每个符号的构成包括：（1）"代表项"（representamen）或符号自身；（2）能指或意指的"对象"（object，即某种自然事物、虚构事物、或抽象事物，比如"平等"）；（3）"解释项"（interpretant）或符号的意义，即如何解释或"解码"符号。相较而言，索绪尔发展了一个二元模型，其中语言由符号的等级系统组成，并根据它们之间界定的差异进行排序。每个符号包括"能指"（signifier）与表达意义的"所指"（signified）。例如，男性和女性的符号，不仅包括不同的物质性的"能指"（裙子、高跟鞋、女性头巾），还包括不同的行为规则（谁负责切火鸡、谁开车、使用哪个厕所、谁为圣餐献身、谁换尿布）。

无论是皮尔斯抑或索绪尔，他们都不认为符号在人与人之间的交流过程中承载着意义。而是说，读到符号的人会赋予它们意义。因而，符号的意义便是开放性的，或尚未确定的。每一个既定的

"能指"若要体现出自己的差异性，就必须要以无穷多的系统或系列作为背景或参照，而它与其他"能指"在这些系统或系列中有时是相互冲突的。不同的人在使用同一个符号时，他们赋予符号个人的、主观的意义有时是独特的和不同的；但更普遍的是，符号也从不同的制度、意识形态、阶级结构和习俗中获得意义——其中许多是相互冲突的。因此，对符号的解释就要涉及双方的不断协商与提炼。（正是这个原因，人们仍在争论男性与女性的符号代表什么，而且这个争论将来仍会持续。）但是，皮尔斯认为，"对象"和"待解释项"共同决定了符号的用法，而索绪尔则认为，符号系统独立于外在世界，它们之间的关系是"任意的"（arbitrary）。

索绪尔的追随者也被称为"结构主义者"，如早期的罗兰·巴特（Roland Barthes，1915—1980），他认为意义的不确定性支配着符号语言系统，但这种不确定性却能被语言的整体规则（结构）减弱。然而，雅克·德里达和米歇尔·福柯（Michel Foucault，1926—1984）等后结构主义者却认为，这样的结构并不存在，符号语言系统最好能被理解成充满不确定性、变动性或差异性的系统，或者被理解成复杂的、不断变化的微观系统。

鲍德里亚和巴赫金：符号政治学

米哈伊尔·巴赫金（Mikhail Bakhtin，1895—1975）和让·鲍德里亚（Jean Baudrillard，1929—2007）等思想家，还阐释了符号的政治和意识形态维度。巴赫金认为，意识形态在我们的生活中无处不在，不仅在我们著述和讨论的文本中，而且在我们融入物质世界的方式中，后者也可以被视作一种文本，这一观点很有影响力。

在马克思主义者用使用价值和交换价值进行社会批判时，鲍德里亚则试图表明我们的世界是如何作为一种符号系统而运作的。一辆劳斯莱斯汽车不仅是一个商品，而且是一种财富、权力和地位的符号。刚刚得到的马格利特的一幅画不仅是一个审美的对象，而且象征着一个美学家的世界。"工人""专业人士""罪犯"不仅涉及经济或法律方面的事务，还是代表不同权力阶层或社会关系地位的一种符号。正如鲍德里亚所言，我们的社会已经被符号系统包裹得如此之深，就连工人的报酬都不是由供求关系决定的，而是由符号系统决定的（因为工人被标识为"工人阶级"，而不是"行政人员""管理人员"或"专业人士"）。从我们的电影，到我们的音乐、文学、政府、衣着服饰、发型，我们的生活中充满着符号的意义。正因如此，法兰克福学派哲学家西奥多·阿多诺（Theodor Adorno）有句名言："口红是意识形态。"或许，我们不应该依靠自然科学、社会科学或文学，而应该通过解码符号的意义去了解这个世界。

保持术语的原意

我们需要牢记，"符号"与"所指"之间的区分，并不等同于分析和实证传统下的"涵义"与"指称"之间的区分（参见1.21）。一方面，就意思而言，"所指"在某种程度上类似于"涵义"。但另一方面，"符号"是写出来的记号或说出来的声音（或者其他物质性的符号）；然而，"指称"则是术语指向的那个实际事物。比如，就"晨星"而言，你在这页纸上看到的"晨星"是一个符号；而这个词所承载的意义（包括人们对它的思考、感受、记忆，以及赋予它的内涵等）则是它的涵义或它的所指；它的指称则是宇宙中的那颗金星。当我们完全理解了术语的指称时，我们就说这个术语是"指称透明的"（referentially transparent）；当我们不能理解它的指称时，这个术语就是"指称晦暗的"（referentially opaque）。比如，俄狄浦斯（Oedipus）[①] 娶伊俄卡斯达（Jocasta）为妻时，"俄狄浦斯的母亲"对于他而言是一个指称晦暗的术语；而此后，当俄狄浦斯发现伊俄卡斯达正是他的母亲时，该术语就是指称透明的。

　　同样，不要把"符号语言学"混淆于"语义学"或"句法学"（参见 1.23）：符号语言学或符号学研究符号如何发挥作用；语义学研究术语（或符号）的意义；句法学则研究语言的语法。"绿色的概念大怒地睡着"在句法上是正确的，但在语义上却毫无意义。符号语言学则是另外一回事，它试图探讨：作为一个符号，这个句子能够起到什么样的作用（比如，它可被用来说明哲学的复杂性，等等）。

　　同时参见：

1.21　涵义/指称

2.2　范畴和种差

3.2　延异、解构主义和对"在场"的批判

3.7　拉康的批判

推荐读物：

Ferdinand de Saussure (1916). *Course in General Linguistics*.

Charles Sanders Peirce (1991). *Peirce on Signs*：*Writings on Semiotic* (ed. J. Hoopes).

Jean Baudrillard (1972). *For a Critique of the Political Eco-*

　　[①]　古希腊著名悲剧人物，他是国王拉伊俄斯和王后伊俄卡斯达的儿子。但他在不知情的情况下，杀死了自己的父亲，并娶了自己的母亲。

nomy of the Sign.

    Roland Barthes（1977）. *Elements of Semiology.*

★ Dani Chandler（2017）. *Semiotics：The Basics*，3rd edn.

2.11　先验论证

在哲学的历史长河中，始终有一个令人讨厌的人物形象挥之不去。你无论怎么做，似乎都无法摆脱他，就像哲学宴会中的班柯（Banquo）^① 一样。他的名字就是怀疑主义者。

怀疑主义者就像个任性难缠的孩子，不停地问："你怎么知道？"或者（更准确地说），"你怎么能够确定呢？"比如，你认为其他人有思想，但你怎么能够确定他们只不过是看似有思想的机器人呢？你认为苹果是独立于人的意识而客观存在的，但除了我们体验到的口味、气味、颜色等感觉，你怎么能够确定有个苹果真的存在呢？你认为物质世界有单一的真理，但你怎么能够确定"真理"不是多种多样的呢？

所有这些怀疑主义的问题可能会令人疲惫不堪，而且难以从根本上拒斥它们，如果不是不可能的话。而对付怀疑主义的一种策略就是"先验论证"（transcendental argument）。虽然它有这样的名字，但它与西方宗教或冥想没有任何关系。更准确地说，它是伊曼努尔·康德使用过的一种既冷静又理性的著名分析过程。

———————————

① 莎士比亚作品《麦克白》中的人物。

定义

康德深受怀疑主义的困扰，他声称大卫·休谟的作品让他认识到了怀疑主义的威胁，并把他从"教条主义的迷梦"（dogmatic slumbers）中唤醒。为了回答怀疑主义，他使用了以下推理方式：

> 1. 怀疑主义者言说的所有内容，我们都有相关经验，或者部分相关经验。
>
> 2. 既然我们有这样的经验，那么我们就要问自己，获得这种经验何以可能。

因此，这是所有先验论证的简单本质：从既定的东西开始，然后从中推理出什么必须是真的，正是因为它，既定的东西才成为可能。因此，先验论证试图回避怀疑主义，它的假定前提全是经验中无可争议的事实——它并不预设经验的自然本性、它们是否由一个独立实体所引发，等等。换言之，面对怀疑主义时，先验论证会从怀疑主义者都承认的事实开始——比如怀疑或质疑自身的可能性。假如成功了，那么怀疑主义者的"你怎么能够确定？"的质疑，就成为反驳怀疑主义者自己的理由了。通常，该策略会指出，假如怀疑主义本身是有意义的，那么怀疑主义就不可能是正确的。

尽管它很强大，但这一策略至少存在两个显著的局限性。

既定东西的地位

首先，怀疑主义者仍然可以追问"你怎么能够确定我们有这些

经验或既定的东西?"有人可能会认为这种质疑是空洞的。笛卡尔
从自己在思考推出了自己存在,他虽然是错的,但毕竟较为清楚地
指明了思想或意识的存在。弗朗茨·布伦塔诺(Franz Brentano,
1838—1917)随后延续了这一点。一个人能够怀疑自己是否能够怀
疑吗?假如先验论证真的能够以既定经验为前提,且不用考虑其他
任何前提假设,那么这个前提当然是不可置疑的。然而,问题在
于:到底是否存在着真正的既定经验?这就是说,所有经验似乎都
不过是解释的经验,并且还要附带许多其他假设。(我们称一个经
验为"思想"或"认知",甚至称它为"经验"时,都要附带许多
假设和解释。)

先验推理的质量

其次,怀疑主义者仍然可以追问:"你怎么能够确定,你以经
验事实为前提的推理就是可靠的呢?"这样的怀疑方式质疑了有效
推理的可能性,因而也就质疑了哲学的根基。或者说,他们认为论
证是有局限性的。康德强调,他自己的推理不能被理解为一种论证
或演绎证明,没有证明他自己提出的先验主张为真。毋宁说,他的
"先验演绎"(transcendental deduction)应该更多地被视为在法庭
上可能说服法官的东西。他甚至认为,纵使我们不能确定他是对
的,我们也能或者应该在思考世界、我们自己和神的时候,认为他
"好像"(as if, als ob, 或译为"宛如")是对的。因此,在最好的
情况下,先验论证击败怀疑主义的胜利也不彻底。这就是说,先验
论证最多只能被理解为一种有条件的论证——条件是我们要有确定
的东西,但或许不是这样。

哥白尼式革命

在康德这里，先验演绎的方法导致了人类对知识与世界之间关系的理解发生了一个重大的转变——康德在形而上学中称之为"哥白尼式革命"（Copernican revolution）。以经验知识为出发点，他进行了如下转换：以前人们认为，我们的知性（或认知）要符合外在世界；但他认为，外在世界要符合我们的知性。

然而，有些人指出，该转换其实带来了极大的负担。先验方法提供了一种应对怀疑主义的方式，但也改变了我们对哲学的理解，而这同样具有危险性。自康德以后，许多哲学家不再专注于挖掘世界和人类自身的本质，而是专注于研究我们对它们的体验，如何受制于我们的认知能力、语言、概念图式、文化、历史和实践。

迄今为止，先验论证仍然被一些哲学家、康德主义者等使用。例如，约翰·塞尔便把自己的观点视作"外在实在论"（external rea-lism）的先验论证。他认为，有一个独立于我们的经验而存在的真实世界，就像我们的经验和思维所显示的那样。他的论证之所以成立，是因为他把"日常语言是有意义的"这一事实视为既定事实。例如，如果我们说好在某个地点和时间见面，并且确实在那个地点和时间见面，那么我们之间的约定似乎就显然是有意义的。塞尔的论证是：因为（1）约定是有意义的，（2）当且仅当外在现实为真时，它才可能有意义，所以（3）外在现实为真。其中的（2）就是一个先验主张。

塞尔的论证源自维特根斯坦著名的"私人语言论证"（private language argument）：我们只有生活在共享的、公共的世界中，语言才有意义；既然语言有意义，那么我们就生活在共享的、公共的世界中［《哲学研究》（*Philosophical Investigations*），1953，§ 243 -315］。可见，先验论证在哲学中依然有着鲜活的生命力，它仍是一种有用的论证技巧。

同时参见：

1.2* 　演绎

1.1 　先验/后验

3.8 　对自然主义的批判

4.10 　怀疑主义

推荐读物：

Immanuel Kant （1781）. *Critique of Pure Reason*，A84，B116ff.

★ Robert Stern （ed. ）（1999）. *Transcendental Arguments：Problems and Prospects*.

Scott Stapelford （2008）. *Kant's Transcendental Arguments*.

Tom Rockmore and Daniel Breazeale （2014）. *Fichte and Transcendental Philosophy*.

第 3 章

激进的批判工具

3.1　阶级批判

社会学-政治学转向发生以来，人们创立了一种非常重要的批判工具，通常被称为"阶级批判"（class critique）。这种批判以阶级等级制度和阶级斗争为根基，进而分析哲学概念和理论支持或反对何种阶级立场。

虽然历史上确有前例，但这种批判工具的经典形式主要是由德国哲学家卡尔·马克思和弗里德里希·恩格斯（Friedrich Engels）创立的。马克思和恩格斯之前的许多哲学家都认为，哲学和其他人类文化的发展取决于由思想、理念、人类动机所引发的实践活动，因而它们独立于创造者的经济地位。马克思和恩格斯则否定了这样的观点，而认为生产方式（如封建主义或资本主义的）决定了社会秩序，或者说这种"基础建筑"决定了文化等"上层建筑"。对于马克思和恩格斯而言，并不是思想决定了人类社会，而是经济基础决定了我们的思想。正是在这个意义上，马克思声称，在黑格尔将哲学头足倒置之后，他又重新把它纠正过来了。

可以说，马克思和恩格斯的经济基础，就像西格蒙得·弗洛伊德（Sigmund Freud，1856—1939）的潜意识一样，决定了我们的思想意识，而我们却从未察觉。然而，晚期的阶级批判者，如安东尼奥·葛兰西（Antonio Gramsci，1891—1937），却不赞同经典马克思主义将这种决定方式理解成单向的，而认为文化同样可以影响经济基础。

无论如何，你该怎样在哲学思考中运用这一工具呢？例如，你可以认为（像许多马克思主义者一样），宗教改革并不源自宗教的创新，而是因为欧洲新兴的资本主义萌芽改变了人们的思考方式。资本主义需要打破封建主义的生产方式，需要个人主义战胜封建教堂的公共权威，因而便演化出了一种新的宗教上层建筑。马克思本人的确认为，宗教在本质上不过是阶级统治的工具，它麻痹了被统治阶级的痛苦，以使统治阶级更加容易统治。正如马克思在1844年出版的《〈黑格尔法哲学批判〉导言》中所言，"宗教是被压迫生灵的叹息，是无情世界的心境，正像它是无精神活力的制度的精神一样。宗教是人民的鸦片"[①]。

同样，马克思认为，在所谓的民主资本主义社会中，人民群众会被多种形式的"错误意识"（false consciousness）欺骗，比如相

---

① 译文参见：《马克思恩格斯全集》第3卷，人民出版社2002年版，第200页。

信自由政治权利——例如自由言论权和自由集会权等。群众误以为
权利为他们服务，因而乐在其中。但在现实中，这些权利不过是统
治阶级的工具，真正为它们有效运作而感到高兴的只有统治阶级，
它们真正保护的也只有统治阶级及其利益。因而，在马克思看来，
美国内战并非为了解放奴隶，而是为了给资本主义在美国南部的发
展铺平道路。同样，美国种族隔离之所以终结，并不是因为马丁·
路德·金的政治号召力和谈判技巧，而是因为这样有利于资本主义
的利益。

　　现今，这样的思考方式已经得到广泛的运用，而不是局限于马
克思主义者了。例如，许多人都认为，就像之前发生在1990—1991
年的海湾战争一样，伊拉克战争并不是为了保护伊拉克人民和美国
人民，也不是为了捍卫像科威特这样的小国的主权，而是为了战略
性地控制该地区，以便欧洲和美国能够获取中东的石油资源。

工具的应用

　　那么，在审视一个哲学概念或理论时，若要使用这一工具，请
先问自己以下问题：

　　　　1. 这个概念或理论是否有助于帮助统治阶级巩固自身的
地位？它最终服务于哪个阶级的利益？它是否有利于促进反抗
或革命？
　　　　2. 这个概念或理论是否有助于控制或剥削被统治阶级，
有助于缓解被统治阶级的痛苦，或减缓统治阶级的反抗？
　　　　3. 除了理论中的作用之外，这个术语在实践中能够发挥
何种功能？

注意，这一点很重要。假如你发现一个概念或理论，的确有助于统治阶级的利益，有助于控制被统治阶级，这也不能说明这个概念或理论是错误的。但你至少可以质疑，思考它的理论根基究竟是所谓的理性，还是统治阶级的权力和利益。

同时参见：

2.3* 　辩证法

2.10　符号和能指

3.9　尼采对基督教-柏拉图主义文化的批判

推荐读物：

Karl Marx (1845). *Theses on Feuerbach*.

★ Karl Marx and Friedrich Engels (1848). *Manifesto of the Communist Party*.

Antonio Gramsci (1919 – 1920). *Our Marx*.

★ Peter Singer (2001). *Marx：A Very Short Introduction*.

3.2　延异、解构主义和对"在场"的批判

在哲学史上，几乎所有的真理概念都以认识主体为中心，这就是说，认识主体对于知识客体或知识背景而言是"在场的"（present）。在解构主义的启发下，雅克·德里达一反传统，把"在场"的优先性视为西方哲学史上最深层的缺陷。德里达认为，真正对我们智识生活最有益的是不在场的事物。他进而指出，我们通常在哲学中认为在场的事物，其实并不存在。

德里达受到了现象学家马丁·海德格尔的影响，后者就把自己

在《存在与时间》中对传统形而上学的批判称为"摧毁"或"解除结构"（Destruktion）。海德格尔认为，在超过 2 000 多年的时间里，我们通过人类的主体性、选择和价值行为等方式对"存在"进行了一种社会性的构建，或以其他方式对其进行设定，这使我们反复地遮蔽了"存在"（Being，Sein）本身。相反，我们应该通过"泰然任之"（Gelassenheit，allowingness 或 letting be）的方式接近"存在"，这就是说，让"存在"自我彰显，让"存在"顺其自然。因而，海德格尔的许多作品都可被视为，通过创造概念和语言而去认识"泰然任之"的过程。

然而，在德里达那里，问题略有不同 [《书写与差异》（*Writing and Difference*，1967)]。海德格尔眼中的错误是：人们把建构了意义之后的存在者，误认为是"存在"自身；而德里达眼中的错误则是：我们误认为真理和存在是"在场的"，甚至就连"泰然任之"的真理和存在都是"在场的"。换言之，德里达认为，过去的真理和存在都是在场的，因为它们必须能够直接、完整和透明地呈现在（present to）我们面前，比如：通过直接观察、感受或印象（经验主义）；通过明晰的概念（笛卡尔、斯宾诺莎）；通过理性的形式或本质 [柏拉图、亚里士多德、阿奎那（Aquino)]；通过人类的声音或上帝。

但德里达却坚称（通过他从黑格尔、尼采、胡塞尔和海德格尔那里学到的洞察力）：假如仔细审视，我们就可以发现，任何真理都无法直接呈现在我们面前。但是，他却向往黑格尔的整体论：任何一种肯定都可被视为"否定"（肯定它是 X，就否定它不是"非X"）。此外，他还向往胡塞尔的目的论：只有在反对另外一种"视域"（horizon）或"世界"（world），或其他意义时，意义才能表现出来。

总之，以往的哲学家都认为真理和存在需要通过某种方式在场（包括海德格尔重新理解存在的努力在内），但这些都是误导。通过批判以往所有哲学将言谈置于书写之前，德里达很好地说明了这一点。他认为，说出的声音直接预设了他人的在场，但文献中写出的文字却并没有假定这种预设。但是，语言和文字都必须忍受意义的延迟，无法实现纯粹的在场，德里达把这种情况称为"延异"（différance）。

广泛的用法

德里达同样批评了一些社会、政治和伦理的命题，认为它们之中也有很多理论要依赖"在场"。德里达声称，这些依赖"在场"的命题，背后其实都隐含着一种有差异的、不纯粹的、缺席的、不存在的排他性。他指出，这种排他性将会迅速地转变成政治和社会的排他行为，而且通常是以暴力的形式。换言之，由于话语实践能够转变成其他的行为方式和政治诉求，比如自然规律、天赋权利、上帝意志、众意、历史规律、理性律令，因而它必然是排他的、压迫的和残暴的。

保罗·德曼（Paul De Man）等解构主义文学批评家已经将解构主义视为文学批评的一种基本方法，但德里达以及德里达式解构主义者的作品有着更广泛的用法。这种方法旨在改变我们的思维和行为方式，让我们承认延异，以避免它们以纯粹的、清晰的、意义单一的、普遍的、与历史无关的、直接的"在场"为根基。

工具的应用

若要使用解构主义批判，请问自己以下问题：

1. 这个理论或实践需要以某种方式在场吗？

2. 有没有解构该理论的方法？或者说，它是否无法按照自身的要求而呈现在我们面前？

假如以上问题的答案都是肯定的，那么你就可以构建你的解构主义批判了。

同时参见：

2.3＊　辩证法

2.3　诘难和绝境

2.9　现象学方法

2.10　符号和能指

3.6　海德格尔对形而上学的批判

推荐读物：

Mark C. Taylor（1986）. *Deconstruction in Context*.

Christopher Norris（2002）. *Deconstruction：Theory and Practice*.

★ Penelope Deutscher（2006）. *How to Read Derrida*.

★ Simon Glendinning（2011）. *Derrida：A Very Short Introduction*.

3.3　经验主义对形而上学的批判

人们会表达各种各样的言论：有的很古怪，有的很正常。让我们来看以下命题：

1. 这只猫在垫子上。

2. 木星上有氦。

3. 这个物体周围有磁场。

4. 整个宇宙（包括所有的记忆和过去遗留的证据），其实都是 1 秒之前才突然冒出来的。

5. 实体是人类无法感知到的那类事物。

6. 上帝是独一无二的，但他三位一体。

7. 即便你和我的身体结构一样，我们的眼睛、神经和大脑等都完全相同，你看到的蓝色，仍可能是我看到的红色。

哲学家们注意到，这些或其他陈述都可被大致分为两种：一种谈论人类对世界的经验，另一种则不是这样。他们给出的这种区分方式以及相关的思考，如今已经被提炼成人类有史以来最强大的批判工具之一，即经验主义批判。

术语"empiricism"（经验主义）源自希腊文 empeiria，意思是"经验、感受"。经验主义批判的核心思想是：与人类经验王国无关的哲学（和科学）命题都不可接受。大致来说，这个批判有两种形式：（1）批判意义和可理解性；（2）批判真理。

批判意义和可理解性

经验主义者认为，假如某个陈述不是以人类经验为根基，或者不研究人类经验，那么该陈述就没有意义且无法理解。据此，我们就可以审视哲学理论、术语和命题。换言之，假如它们以人类经验为根基，或者研究人类经验，那么它们就有意义；假如它们没有这样做，那么它们就不可理解。

上述命题 1 无疑涉及人类经验——凭借我们的视觉、嗅觉和触觉，我们可以感知到那只猫蜷缩在门边的垫子上。在显微镜、宇宙航行和现代化学出现之前，命题 2 或许与人类的真实经验无关。但是，命题 2 并非真的超出了人类经验，只不过在特定的历史时期内，人类无法感知到它。命题 3 讨论的内容并非我们的直接体验，但通过磁铁和其他工具，我们仍可以判断磁场是否存在。因而，命题 3 亦属于我们的经验。

命题 4 和命题 5 则有所不同：它们与我们的经验毫不相干，因而按照经验主义者的看法，它们就是无意义的。有影响力的哲学家也曾证明，命题 6 和命题 7 与经验只有很少的联系，或者根本没有联系。这种说法在很大程度上取决于"经验究竟是什么"这个问题。例如，人类是否或能否像某些人描述上帝那样，对一个无限、永恒和超越的存在有所"体验"？

批判真理

有人却反驳说，以上所有的命题 1－7 都有意义。或者说，问题不在于意义本身，而在于如何进行检测。似乎在人类有限的时间内，人们无法找到有效的检测方式，去验证命题 6 和命题 7 是真还是假。这便引出了一个原则：假如一个哲学命题不属于经验，或者由之推出的结论无法通过经验来验证，那么它就没有任何意义。

或许，信念决定了我们究竟接受抑或拒斥以上命题；但即便如此，"信仰的飞跃"（克尔恺郭尔语）就决定了哲学吗？既然违背日常经验的信念不能得到验证，那么岂不是任何信仰都可以接受？或者说，如果我们否认了经验标准，那么岂不是怎么说都行？

以上论证摧毁了大多数形而上学（甚至摧毁了伦理学和美学的部分内容），以至于当今许多哲学家都把传统形而上学视为胡言乱语。此外，经验主义还常常与唯物主义联系在一起，常常被用于对旧秩序（如柏拉图主义、亚里士多德主义、宗教）进行批判。

工具的应用

若要使用这个工具，请问自己以下问题：

1. 这个理论有没有提出什么形而上学或超自然的主张？
2. 构成这个理论的概念是否不能用经验的、感知的或逻辑的术语来定义？
3. 根据经验主义者对可理解性的批判来审视这个理论，它是否有哪些方面是错误的，或者它是否有哪些方面是无法理解的废话？

在通常情况下，指出一篇文章没有意义，比指出它是错误的，更严重。

同时参见：

3. 31* 可检验性

2. 5　休谟之叉

4. 5　神秘的经验和启示

推荐读物：

★ A. J. Ayer (1936). *Language, Truth, and Logic.*

Paul K. Feyerabend (1985). *Problems of Empiricism.*

Paul K. Moser (1989). *Knowledge and Evidence.*

Kenneth Winkler (1991). The new Hume. *The Philosophical Review* 100 (4)：541 - 579.

★ Dave Robinson and Bill Mayblin (2015). *Introducing Empiricism：A Graphic Guide.*

3. 4　女性主义与性别批判

人类生命最重要的特点便是"性别"（gender）和"性征"（sexuality）。说来也怪，虽然哲学家们有关女性社会和政治地位的批判性研究可以追溯到古代，但直至近年，哲学家们才开始使用性别和性征作为普遍范畴去分析、批判彼此的理论。然而，如何才能将性别用作哲学工具呢？让我们考虑以下例子。

许多道德哲学理论都将激情描述为难以驾驭的、危险的、非道德的力量，因而理性必须支配、征服、规约或控制它。一方面，我们可以批判这样的理论没有事实根据，充满了不连贯性和不一致性；另一方面，这样的理论也彰显了文化对男性和女性的影响，并且决定了男性的支配地位与女性的从属地位。比如，在柏拉图时期，哲学理论认为男性与理性对应、女性与激情对应，而道德生活即是理性支配激情的生活。那么，这个理论与男性支配女性的实际情况之间，难道仅是一种巧合吗？男性的支配地位在整个西方社会历史上经常不断出现，凸显理性、贬低激情的伦理理论也是如此。因而，西方哲学传统中的"理性"概念是否发挥了社会控制的作用呢？

广泛的适用范围

或许，女性主义批判也适用于哲学理论的其他维度。比如，不同的"正义"概念是否体现了男性主义的偏见？是的，卡罗尔·吉利根（Carol Gilligan）说。许多二元对立的哲学范畴（善/恶、真/假、是/不是、意义/无意义）是否体现了男性主义特征？是的，埃伦娜·西苏（Hélène Cixous）说。我们对自律和独立的崇拜是否出于男性的自我重视？是的，南希·乔多罗（Nancy Chodorow）说。我们能否从资本主义剥削和异化中发现性别之间的差异？完全正确，玛格丽特·本斯顿（Margaret Benston）和海蒂·哈特曼（Heidi Hartmann）说。我们是否在以一种狭隘的、雄性的、压抑的方式来谈论上帝及其能力？绝对如此，玛丽·戴利（Mary Daly）说。我们如何理解真理、知识和科学等概念？它们是否完全与性别无关？错，露丝·哈伯德（Ruth Hubbard）和罗琳·科德（Lorraine Code）说。简言之，人类思想的任何领域都可被视为女性主义批判的主题。

更重要的是，关注女性主义和性别问题的哲学家们探索了各种涉及平等和差异的问题。这就是说，根据上述问题，他们思考了一个更加平等的社会可能是什么样子，以及需要什么；他们还探索了人与人之间真实且有意义的性差异和性别差异到底意味着什么。

认识复杂性

女性主义批判最近扩大了范围，成为更广泛的性别批判。现在的性别研究通常包括男性特质的研究。研究范围扩大的一个原因是，人们认识到性和性别的复杂性。比如，德国运动员多拉·拉特詹在 1936 年奥运会女子跳高比赛中获得第四名，并在 1938 年欧洲锦标赛上获得金牌。然而，三年后，拉特詹被捕，并被剥夺了荣誉。此外，她的名字也被改成了"海因里希"。为什么？因为官员们认定拉特詹不是女性。但是，把拉特詹想象成一个男人合适吗？或许从科学、道德和政治的角度来看，根据拉特詹自己认同的性别来理解她会更好。或许把拉特詹完全定位为另一种性别会更好？根据目前的哲学讨论，她被理解为跨性别者或双性人，或许会更好。

过去，许多理论家在"性"和"性别"之间定义了一个明确的区别。"性"是生理的和生物的，而"性别"则被严格界定为文化的，由社会的一系列约定所决定，但这些约定则与其偶然性的生物事实有关系。然而，现在许多人都同意，除了男/女的二元划分之外，性别/性的二元划分在哲学上也被过度简化了。一些评论家发现，生物学概念与文化和政治之间的划分并不那么明显，也不像以前认为的那样重要。

酷儿性别

　　女性主义者和性别批判者也一直关注变革所遇到的阻力。是否存在着一些问题、观念或行为方式，它们将干涉、质疑或颠覆一个组织、一个理论、一种风俗、一个人、一种文化或一种实践的性别维度？雌雄同体、异性扮装、角色逆转、违反规则、身体修饰、语言改变、多样化的性行为、不恰当的策略和不当行为等，是否会"堵塞"或阻碍压迫性的性别规范和文化，尤其是那些父权制、异性恋规范和/或顺性别规范？

　　酷儿的实践目的就在于此。异性恋规范是异性恋者的行为方式、价值观和身份的特权，顺性别规范是认同出生时"安排"的性别身份的特权。根据酷儿理论，这两种特权都为排除、减少和以其他方式压迫一些人奠定了观念基础，例如女同性恋、男同性恋、双性恋、无性恋、酷儿或变性人（尽管这些类别和术语本身是历史的，是不断变化的）。

工具的应用

　　在使用这个工具时，请问自己以下问题：

　　1. 无论作者的意图是什么，他提出的概念或理论是否导致了女性的从属地位，抑或男性的支配地位？

　　2. 正在被审视的理论或实践，是强化了性别二元论和传统的性观念，还是改变或颠覆了它们？

同时参见：

2.8*　操演性与言语行为

1.12　本质/偶性

3.1　阶级批判

3.5　福柯对权力的批判

3.7　拉康的批判

推荐读物：

Mary Wollstonecraft（1792）. *A Vindication of the Rights of Woman*.

Simone de Beauvoir（1949）. *The Second Sex*.

★ Alison Bailey and Chris Cuomo（eds）（2007）. *The Feminist Philosophy Reader*.

★ Donald E. Hall and Annamarie Jagose（eds）（2013）. *The Routledge Queer Studies Reader*.

★ Susan Stryker and Stephen Whittle（eds）（2013）. *The Transgender Studies Reader*.

3.5　福柯对权力的批判

你在利用语言，抑或语言在利用你？假如你觉得语言在掌控着方向盘，你就很容易和一种影响深远的批判达成共鸣。这种批判方法见于法国哲学家、思想史家米歇尔·福柯 20 世纪 60 年代以来的大部分著作之中。

考古学方法

在《疯癫与文明》(*Madness and Civilization*，1961)、《临床医学的诞生》(*The Birth of the Clinic*，1963)、《词与物》(*The Order of Things*，1966)①和《知识考古学》(*The Archaeology of Knowledge*，1969) 等著作中，福柯认为，词语和概念决定了人类思想与行为［有时亦称为"话语构型"(discursive formations，或译"话语构成""话语结构")］的多个层面，并以多种方式控制着我们的生活和想法。这个观点挑战了我们的常识，即误以为我们处于操控地位，我们有意识地主宰或控制着词语和概念。简言之，福柯的理论削弱了个人、人类和自我的重要性。

福柯还有一个容易引起争议的观点：正是通过各种各样的话语构型，权力才得以执行。因此，通过"疯癫"概念，17 世纪和 18 世纪的社会结构将所有不符合"理性"的人都排除在外。19 世纪，"疯癫"概念同样把不符合资本主义道德的人排除在外，例如，被解读为滥交的行事方式。

那么，其他一些概念和实践制度——如家庭、女性、贞洁、学校、美丽、美德、真理等，也是操控社会秩序的工具吗？它们压迫、排挤或削弱了哪些人的权力？

---

① 该书的全名是《词与物——人类科学的考古学》。该书出版时，福柯听取了编辑的建议，将其命名为《词与物》(*Les Mots et les choses*)。但他自己更倾向于《事物的秩序》，因而该书的英文版名字便是 *The Order of Things*。

系谱学方法

在《规训与惩罚》(*Discipline and Punish*，1975) 中，福柯试图表明，"犯罪"及其周边概念与控制所谓"罪犯"的技术，究竟是如何随着时间而不断变化的。通过追溯概念在历史中的改变、挖掘其背后的意义，福柯进一步发展了弗里德里希·尼采提出的"系谱学"方法，而尼采曾使用这种方法研究了基督教道德的概念与实践行为。然而，它不单纯是一种历史学方法，它还具有破坏性，因为它旨在揭示概念本身琐碎的、细微的、专断的，有时甚至是肮脏的目的与作用。

例如，许多人都认为现代的罪犯管理体系越来越人道了，而福柯则指出，这些改变主要源于人们发明了更有效的社会管理技术。[类似的是，他之后又用系谱学方法研究了有关性欲的概念和实践；参见《性史》(*History of Sexuality*，1976、1984)。] 这些处理方式运用了福柯所说的"生命权力"(biopower)。

假如我们审视那些看似无辜，甚至被人推崇的概念、直觉和实践，思考它们的动机、目的和意义，我们是否会发现控制、操纵和压迫的迹象呢？

生命权力的微观物理学

然而，不像其他的社会批判形式（如马克思主义和精神分析），福柯认为我们没有一个完备的社会控制体系（如资本主义）。相反，在他看来，世界上存在着许多不同的权力系统，它们彼此交织，同时发挥作用，有时还会互相冲突。因此，他自己就避免提出一个单一的、完整的社会与概念理论，而将自己的工作称为"权力的微观物理学"（microphysics of power）。

福柯最重要的一个审视工作，或许是讨论哲学家杰里米·边沁（Teremy Bentham）为现代监狱设计的"圆形监狱"（panoption）。（这样的监狱的确在古巴建立起来，并投入使用了。）这样的监狱没有一间一间的牢房，但犯人们始终担心自己正在被狱警监督，因而便不敢违反纪律。

福柯指出，我们应该反思，我们是否同样生活在自己为自己建造的圆形监狱之中。换言之，信用卡、政府记录、公司记录、电话记录、电脑、安全监控摄像头、社交媒体以及其他技术，是否始终在我们身边监视着我们（包括自我监视）？我们是否始终担心自己被监视？世界各地的情报机构，尤其是美国国家安全局（NSA），对民众的大规模监控，是否代表了一种现实的圆形监狱？这又如何影响我们的思维、行为和感受；影响我们的身体，以及它们在受到惩罚时又是如何受到约束的？

正常化

福柯批判的另一个强有力的工具是"正常化"（normalisation）分析。福柯认为，通过将某些特定的信念和行为视作"正常"，人类的活动范围与可能性就被大大降低了。因此，就性行为、家庭结构、宗教、言说和实践的方式等而言，只要违背了所谓的"正常"，就被称为"变态"；而后通过多种镇压手段，个人的生命权力就会被压迫为"被驯服的身体"（docile bodies），以服务于现代工业和后工业社会。

可见，福柯为我们的工具箱增添了许多强有力的批判工具。福柯提醒我们，当评价一个理论、观念或实践的时候，我们要问自己何种权力潜伏在此。此外，他还要求我们不要依靠任何一个单一的批判系统，因为权力有多种伪装，而且会用不同的手段对付我们。

工具的应用

在使用这个工具时，请问自己以下问题：

1. 你眼前的文本利用了何种话语或话语体系？

2. 这个文本、话语或理论是如何撬动权力的？

3. 这个文本、话语或理论是如何使权力关系变得正常化的？

4. 被这个文本、话语或理论强化过的权力关系，该如何被打破或颠覆？

同时参见：

3.1　阶级批判

3.4　女性主义与性别批判

3.9　尼采对基督教-柏拉图主义文化的批判

推荐读物：

Michel Foucault (1969). What is an author? *Bulletin de la société française de philosophie* 63 (3)：73 - 104.

Michel Foucault (2001). *Power：The Essential Works of Foucault, 1954 - 1984* (ed. James D. Faubion).

★ Gary Gutting（2005）．*The Cambridge Companion to Foucault*．

★ Christopher Falzon，Timothy O'Leary，and Jana Sawicki（eds）（2013）．*A Companion to Foucault*．

3.6 海德格尔对形而上学的批判

据马丁·海德格尔所言，西方哲学史上存在着一系列错误，而这些错误就是所谓的"形而上学"。在他看来，形而上学起始于柏拉图把 Being（是、是者或存在）视为概念知识的研究对象，但柏拉图却错误地认为 Being 是一种独立存在的事物或者实体。无论是柏拉图和亚里士多德的形式论，还是古代和现代的实质论，抑或是各种各样的物质概念等（这些贯穿了整个西方哲学史的理论），都在不断地重演着相同的错误。最近，我们又看到了该错误的一种非常有害的形式。海德格尔把这种错误称为"das Gestell"（座架），源自德文动词 stellen（放置、安置）：我们错误地认为，人类在放置、或固定、或掌控着事物的意义和用途。通过社会分析、语言和文化研究等方式揭示事物意义的哲学家，其实都犯了这样的错误。此外，我们的思维和行动已经深受科学技术的影响，进而误以为我们已经认识甚至掌控了世界。因而，自然界不过是粗糙的物质材料，我们为了自己的目的随意消耗、使用它们，把它们视为机器的燃料。海德格尔通过这种方式，说明了我们当前面临的很多环境问题。

遗忘存在

但是，这些并非我们所犯的错误。在柏拉图之前，我们已经较为清晰地（但绝非完全地）领会了 Being，因此我们现在的状态不过是一种遗忘。日常生活中的各种实践活动让我们离"存在"越来越远。平时，我们不会注意到自己沉浸在世界之中，除非以某种方式解蔽；这就像我们不会注意到锤子，除非我们要使用锤子，我们才会意识到它的存在。但是，我们仍然能够获得知识，即对存在的"原初"（primordial）理解〔它们往往被遮蔽在形而上学和"存在的隐匿性"（hiddenness）之中〕。因此，海德格尔的批判有两个目的：

1. 表明我们的形而上学传统是错误的，而且遗忘了"存在"。
2. 帮助我们重新获得、重新取回、重新记起"存在"本身。

并非实体，而是虚无

按照海德格尔的解释，"存在"不是一个事物或实体。你可以诗意地认为（海德格尔就是这样做的），它是"虚无"。（实际上，海德格尔认为，诗意的语言可能是表达"存在"意义的最佳方式。）由于它是虚无，所以人类（至少那些形而上学的信奉者）误解了存在的"事件"（event），他们还试图将其概念化，并将自己的意图置于其中。在通常情况下，他们通过把握"在场的"事物以实现这个目的（参见 3.2）。或者，他们意识到这样的"基础主义"（foundationalist）立场最终会失败，因而沦为了虚无主义者，拒绝承认存在的所有意义。

具体来说，海德格尔认为，存在是指：实体或特定存在者自我显现和解蔽的住所、澄清、彰显、"此时此地"（da）。[因此，在早期的著作中，海德格尔把这种存在称为"此在"（there-being 或者Dasein）。]海德格尔坚称，存在本质上是暂时的。或者说，"此在"具有时间性（Zeitlichkeit），因此他的名著才叫作《存在与时间》。

工具的应用

海德格尔的哲学晦涩难懂，因而使用他的思想作为工具也就不易。但是，我们可以尝试着问以下海德格尔曾提出过的问题：

1. 这个理论是否表达或依赖某种形而上学的"在场"，即将存在理解为某种特定的存在者，比如某种质料、能量或材料？

2. 这个理论是否像海德格尔做出的解释那样，导致我们遗忘了"存在"？

3. 即便这个理论有误，它是否依然能够帮助我们把握到原初的"存在"？

4. 这个理论是否表达了虚无主义，即除了我们通过人类的各种能力所赋予、构建或创造的意义之外，它是否拒斥任何其他的意义？

同时参见：
1.12　本质/偶性
2.9　现象学方法
3.2　延异、解构主义和对"在场"的批判

推荐读物：

Joseph P. Fell（1979）．*Heidegger and Sartre*：*An Essay on Being and Place*.

★ Richard Polt（1999）．*Heidegger*：*An Introduction*.

★ Michael Inwood（2002）．*Heidegger*：*A Very Short Introduction*.

3.7　拉康的批判

在多大程度上，我们的语言决定了我们是谁，以及决定了我们是否能与他人建立联系？对于法国哲学家雅克·拉康（Jacques Lacan，1901—1981）而言，答案是：影响巨大。拉康受到瑞士逻辑学家、数学家、物理学家和结构语言学家费尔迪南·德·索绪尔的影响，继承并发展了西格蒙得·弗洛伊德的理论，试图建立一种以语言学为导向的、崭新的精神分析方法。

相较于笛卡尔等思想家而言，拉康认为，"主体"既难以确定，亦非简单易懂。主体之间（甚至主体与自我之间）无法直接进行沟通，而不得不凭借语言中被称为"词语"的"能指"来进行交流。正如菲力普·希尔（Philip Hill）所言，这就像法律事务的谈判过程：客户（主体）彼此之间不能直接交流，而不得不通过代表他们的律师（符号）来进行交流。因此，拉康有句名言："能指为另一个能指代表主体。"

然而，出于以下理由，问题将会越来越复杂：第一，语言不是主体的被动表象；相反，语言建构了主体。实际上，主体在语言中实现了主体化。第二，词语的意义并非确定的，任何人都未曾充分理解它们。第三，主体通过"压抑"（repression）来适应语言中的规则和秩序，拉康称其为"象征界"（symbolic order，或译"象征秩序"）。

以上导致的结果便是：我们的交流永远不可能清晰、充分，语言将我们联系在一起，又将我们隔离开来。主体要屈从于尚未满足的"要求"（demands），以及源于象征秩序的"欲望"（desires）（欲望并不源于个体，个体只是象征界的组成部分）。由于主体必须经历这样的过程，故而拉康选择了符号"Ꞩ"（即用自右上至左下的线条穿过 S）来表示它。对于拉康而言，我们的语言便是我们的意识。

工具的应用

那么，以上思想如何能够成为一种哲学工具呢？大致有以下几种方式。

拉康告诉我们，若要分析一个哲学文本，我们就要观察词语的言外之意，评价语言背后所隐藏的心理活动。由于我们的欲望是由我们身处于其中的象征界所建构的，我们便可以通过审视一个文本来评估它所呈现的作为欲望、要求和恐惧（fear）对象的事物。例如，通过"型相论"，我们能够分析柏拉图的深层欲望，即他欲求某种确定性的东西，或者某种超越肉体和激情的东西。我们还可以考虑，尼采通过"超人"想要欲求什么？萨特通过"自由"想要欲求什么？他到底有多害怕女性啊？

到底哪些"欲望"赋予了文本生命？难道文本中的学说与插图都不过是心理"要求"、内疚、惭愧或恐惧的症状？在这个文本中，

拉康所谓的秘密的、准性欲的"享乐"（jouissance）又藏在哪里
呢？这个文本中被压抑的"真实的"（即这个文本想表达却又发现
无法表达的）内容是什么呢？

　　总之，假如语言和象征界导致了压抑，拉康便给我们提供了一
种揭示社会研究背后的心理活动的方法。女性主义哲学家也借鉴了
拉康的研究方式（把象征界的多种不同特性比作"阳具"），进而提
出了消解男权主义动机和行为方式的理论。例如，露西·伊瑞格
瑞（Luce Irigaray，1930—　）曾在《他者女人的窥镜》（*Speculum
of the Other Woman*，1974）和《性别不止一种》（*This Sex Which
Is Not One*，1977）中指出：女性享乐（jouissance）包括多种形式
的快乐，它能打破男权主义操控世界的方式。女性享乐并不符合
"象征界"（有序的、有规则的）的思考、行动和感觉方式，因而女
性生活提供了自由的模型。女性享乐倡导多重高潮的诗意人生，而
不局限于单一的高潮方式（像男性性高潮一样）。女性行为强调分
享、互相咨询、没有等级组织，这些都为人类社会和政治生活提供
了一种更加自由的立场。

　　此外，当代哲学家斯拉沃热·齐泽克（Slavoj Žižek，1949—　）
的文化系谱学研究，也继承并修正了拉康的方法。

同时参见：

3.14*　信念/反信念

1.19　客观/主观

3.2　延异、解构主义和对"在场"的批判

3.4　女性主义与性别批判

推荐读物：

Jacques Lacan（1977）. *Écrits：A Selection*.

Elizabeth Grosz（1990）. *Jacques Lacan：A Feminist Intro-duction*.

★ Slavoj Žižek（1992）. *Looking Awry：An Introduction to Jac-ques Lacan through Popular Culture*.

★ Martin Murray（2015）. *Jacques Lacan：A Critical Introduction*.

3.8　对自然主义的批判

在你可能做出的最重要的哲学论断中，有一个就是：人类与自然世界究竟是完全统一的，抑或在某些关键之处具有差异。为了回答这样的问题，哲学已经发展出了不同形式的"自然主义"。毫无疑问，最近几个世纪也出现了许多重要的自然主义哲学家，但并不是每一个接受自然主义观点的人都能做出强有力的哲学批判。那么，什么是"自然主义"呢？

我们在解释外在世界时，如果完全使用自然世界的术语和概念，这便是一种自然主义的哲学立场。那么，"自然世界"又是由什么构成的呢？这可是哲学史上非常有争议的一个主题。例如，亚里士多德认为，自然世界由物质性的质料和非物质性的形式共同构成（参见《形而上学》，12），而现代哲学家则普遍否认世界上存在着非物质性的形式。在柏拉图《蒂迈欧篇》的启发下，新柏拉图主义者提出了"世界灵魂"（world soul, animus mundi）的存在，并认为它遍及整个自然宇宙；但在今天，我们却很难在自然科学家提出的理论中找到世界灵魂的位置。就当下自然主义的发展来看，自然主义著作提出的哲学解释都会依据：（a）自然科学探索出的因果次序；（b）凭借人类的自然认知能力，我们（直接或间接）观察到的经验事实。或者说，自然主义的哲学解释仅仅诉诸（c）自然世界（或许还有自然意识），而不涉及任何神性的、超验性的实体。不过，人们对自然主义也提出了众多批判，我们在此论述四点，而这四点在某些哲学著作中也已经得到进一步的阐释：

1. 对自然主义的先验批判。伊曼努尔·康德和埃德蒙德·胡塞尔都认为，我们只有具备了一定的前提条件，才有可能体验或认识到自然世界，包括自然对象与自然过程，等等。在他们两人看来，自然世界之外一定存在着自由的、自我立法的和具有主体意识性的"先验自我"（transcendental ego）。由于自然主义否认先验自我的存在，所以它无法解释我们最初如何通过经验来获得有关自然的知识；于是，自然主义便是自我矛盾的（参见 2.10）。

2. 对自然主义的唯心主义批判。先验批判考虑的是我们认知、理解和体验自然世界事物的必要条件，而形而上学的唯心主义批判则否认自然主义者眼中的世界。在通常情况下，形而上学的唯心主义认为，自然世界不过是一种表象，而世界上存在着深层的、非物质性的实体（例如，灵魂、超自然的意志，或神圣的理念）；同时，自然世界也并非为自然因果律所主宰，而是取决于一系列理性、思想；等等。还有些哲学家被称作"语言唯心主义者"（linguistic idealists），他们虽然没有设定一个新的形而上学实体，但他们认为，自然主义只不过是多种谈论世界的方式中的一种，我们没有理由始终使用自然语言，而自然语言也并非优先于其他的话语体系。

3. 对自然主义的自由批判。还有人认为，由于人类有"自由意志"，可以凭借自己的意识而免受自然因果律的操控，所以人类就与自然世界有一定的区别。假如人们所做的一切都是由因果必然性决定的，道德就毫无意义可言；假如人们不能自由地选择做什么、不做什么，也就没有所谓的道德行为。而自然主义者也可以反驳说，我们究竟有什么理由假定自由真实存在呢？或者，你可以反驳说，"自由"概念实际上是不连贯的，因为按照大卫·休谟的说法，自由使人类行为能够被贬低为运气或偶然事件［参见休谟的《人类理智研究》（*An Enquiry concerning Human Understanding*），§8］。像让-保罗·萨特这样的存在主义者则认为，我们直接意识到了我们的自由，无论我们承认与否（参见萨特的《存在与虚无》，1943）。

　　4. 对自然主义的宗教批判。宗教哲学家同样反对自然主义，他们坚称现实存在虽然具有自然性的一面，但也具有神性的一面。例如，人类具有自然性的物质肉身，但也具有神性的灵魂，而且灵魂不受肉身的操控。宗教哲学家认为，自然主义理论错误地解读了自然的演进过程。在他们看来，规律性的、有序的现实之存在，恰恰表明了超自然的实体存在，它或它们甚至干预了我们的自然世界。因此，现实不仅可被理解成机械自然律的后果，同样可被理解为有意识的、有目的的设计和意图。

　　哲学自然主义是否有效地完成了自己的任务，这仍有争议。然而，在许多理智领域内，它已经成功地占据了一席之地。除了批判者之外，没有人会忽视它的存在。不过，如果你要攻击一个国王，你最好确定你能将其置于死地。

　　同时参见：

　　2.8　奥卡姆剃刀

　　3.3　经验主义对形而上学的批判

　　3.9　尼采对基督教-柏拉图主义文化的批判

3.11　萨特的"自欺"批判

推荐读物：

Augustine（fifth century）. *On Free Choice of the Will*.

Edmund Husserl（1936）. *The Crisis of European Philosophy and Phenomenology*.

★ Jack Ritchie（2009）. *Understanding Naturalism*.

William Lane Craig and J. P. Moreland（eds）（2014）. *Naturalism：A Critical Analysis*.

★ Kelly James Clark（ed.）（2016）. *The Blackwell Companion to Naturalism*.

3.9　尼采对基督教-柏拉图主义文化的批判

请问，朋克摇滚乐手、柏拉图主义者和基督徒之间有什么共同点呢？按照弗里德里希·尼采的观点，他们的共同点在于：他们都是虚无主义者［nihilists，源自拉丁文 nihil，"什么都没有"（nothing）］。虚无主义是西方基督教-柏拉图主义文化演进出来的自然结果。这是怎么回事？

尼采认为，基督教-柏拉图主义哲学深深地影响了我们思考、感觉和实践的方式，使我们深受其害。

第一，基督教-柏拉图主义传统持有一种超验主义的立场，认为我们现实世界中的价值都取决于更高的超验世界（天堂、上帝、形式、理想的共产主义乌托邦）。

第二，该传统要求弱者与强者之间彼此平等；因而，它通过民主、社会主义或平等主义的理论将强者摧毁，实现了一种虚假的平等。

第三，该传统自称旨在求真，因而便大肆宣扬人们对真理的欲求和渴望，鼓舞人们追求那个绝对的、确定的、普遍的、真实的、永恒的、独立的、明确的、完备的、始终如一的、不能改变的真理。

天堂、平等和真理到底有何过错呢？嗯，尼采认为，问题在于它们是非人性和不健康的。它们使我们变弱了，而且破坏了真正能为我们带来权力、快乐、创造性和活力的那股力量。

据尼采所言，信奉一个从未出现过的超验王国，意味着我们的世界或社会是有缺陷的，因为它不符合所谓的"理想"世界或社会，而这就不可避免地导致了我们贬低这个世界和人类的价值。于是，那些自由的、具有个性的、富有创造力的强者就要被打倒，而正是他们支撑、鼓舞和引导的整个文化。由于无法得到普遍的、客观的、独立的真理，故而对其的执着终将耗尽我们的信心，导致我们拒斥任何一种真理（甚至拒斥日常的、暂定的真理）。简言之，基督教-柏拉图主义文化导致自我厌恶、生活挫败、虚度生命的虚无主义。对于虚无主义而言，不仅上帝已死，而且万事万物皆已消亡。

疗法

幸运的是，尼采认为存在有效的疗法，但我们要足够强大才能使用它。我们必须"克服"基督教-柏拉图主义文化。有以下三种相互关联的方法能够实现这一目的：

第一，amor fati［字面意思是"热爱命运"（love of fate）］：我

们必须拒绝追求超验性，欣然接受这个世界自身，接受肉体、自然界、各种瑕疵等，甚至包括性欲、竞争、骄傲，以及我们要遭受痛苦并最终死去的事实。我们必须热爱我们的命运，拒绝超验的"上帝"。

第二，我们必须成为强者，或者追随强者：我们必须抛开愤恨和嫉妒，不再憎恨那些特别的、与众不同的强者；我们必须鼓励那些具有创造力和活力的文化领袖。生命应该是一种艺术，我们应该是艺术家，起码要热爱艺术家。强者应该受到祝福和赞美。

第三，我们应该欣然接受"视角主义"（perspectivism）。我们必须忘记单一的真理，而承认多个真理的存在，即承认这个世界有许多不同的视角，存在彼此矛盾的现象，并以诗意的方式进入这个世界。我们必须庆幸"上帝"、纯粹真理，以及他所提倡的病态道德都已然死去或消亡。

工具的应用

并非每个人都能把尼采的哲学当作自己的工具。假如你不同意尼采对西方文化的基本诊断，那么你就会认为这个工具是愚钝的。但是，如果你为尼采的批判所折服，那么在评价一种既定哲学时，你要先问自己：在多大程度上，该哲学拒斥了基督教-柏拉图主义文化的价值观？具体而言，如下：

1. 在多大程度上，该哲学依赖单一的、客观的和普遍的真理？

2. 在多大程度上，该哲学否定了那些不具有神圣性、超验性的价值和意义？

3. 在多大程度上，它以美德、道德、平等和（假的）爱的名义，摧毁了强者？

4. 在多大程度上，它仍然坚信尼采所说的"上帝"？

同时参见：

3.1　阶级批判

3.5　福柯对权力的批判

4.5　神秘的经验和启示

推荐读物：

Friedrich Nietzsche（1887）. *Toward the Genealogy of Morals*：*A Polemic*.

Friedrich Nietzsche（1901，1904，1906）. *The Will to Power*：*An Attempted Transvaluation of All Values*.

★ Friedrich Nietsche（1977）. *The Portable Nietzsche*（ed. Walter Kaufmann）.

★ R. J. Hollingdale（2008）. *Nietzsche*：*The Man and His Philosophy*，2nd edn.

3.10　实用主义批判

我们接受抑或拒斥一种信念时，应该基于何种理由？或许你最常听到的答案是："这还用说，当然要基于该信念是真还是假。"但是，我们该如何解读这里的"真"呢？在通常情况下，许多人会说，真的命题表达或反映了现实的本质；而无论我们所言所思是什么，现实都是独立存在的。依此观点来看，哲学和科学的任务就是建构那种能够描绘、捕捉、反映或代表独立现实的理论。

然而，"实用主义者"（pragmatists）认为，这种理解真理、哲学和科学的方式是错误的。据他们所言，只要仔细审视，我们就可以发现"捕捉""代表"或"反映"独立现实的说法毫无意义。假若回溯整个哲学史，我们亦能够看到"表象主义的"（representationalist）立场所引发的问题远比它解决的问题多。

早期实用主义者［或者说"实效主义者"（pragmaticists)①］如皮尔斯的确相信，科学能够逐渐接近那个独立存在的真理。但更多的近期实用主义者则认为，真理就是有助于我们在这个世界上生活的知识，我们完全无须考虑它们能否代表那个独立存在的现实。与此相应，自然科学之所以是真理，并不是因为它们表达了独立现实的本质，而是因为它们使我们能够通过试验和科技来操纵物体，解决现实生活中的困难。道德理论之所以是"正确的"（这就是说，它们应该被相信），则是因为它们能够让我们彼此友好相处、让我们和谐成长，而我们选取的价值标准亦能够让我们明智地行事、更好地生活。美学理念则把我们的直觉体验提升为一种"反思性的经验"（reflective experiences），以指引我们思考文化环境和自然环境中的感性维度。简言之，我们应该接受的真理，或者我们应该构建的理论命题，都应该帮助我们处理现实中的困难，让我们生活得更好。

实用主义者认为，我们无须考虑上帝怎么想，也不用关心任何虚构的、难以获得的、不切实际的观点。我们更不用再担心那些超

---

① "pragmaticism"亦可译为"实用主义"，该术语由美国哲学家皮尔斯提出，以区别于詹姆斯提出的"pragmatism"。

越或低于生活经验的事物，因而，许多问题皆可抛之脑后。

形而上学和宗教

就人类的各种知识创造而言，许多实用主义者认为，若无繁多的形而上学理论和大部分的（或许所有的）宗教教条，我们的生活可能会更好。一方面，实用主义者赞同许多宗教实践和宗教信念，因为它们让我们能够彼此交流，并带给我们生活的意义；但另一方面，他们又认为宗教教条不利于我们理性地处理情感生活，并且导致宗教成为暴力、分裂和不宽容的借口。无论上帝是否三位一体，无论最后的晚餐是否真的发生过，无论实体形式是否存在，等等，这些问题的答案都没有意义，它们没有用，甚至极其有害。对于实用主义者而言，一种适当的形而上学仅仅为我们提供较为普遍和可靠的命题，但绝不会轻易地认定任何一个全称判断。

工具的应用

那么，在使用实用主义批判来评价其他哲学思想时，我们要先问自己以下问题：

1. 仔细考虑该理论的所有内涵，以及与之相符的实践行为，它们能否让我们的生活更好？
2. 若要生活得更好，该理论能否起到作用？更有甚者，该理论是否会成为更好生活的绊脚石？

按照这种方式来改变我们的思维习惯，最初难免会有些不适应。但正如理查德·罗蒂（Richard Rorty，1931—2007）所言，许多清教徒都觉得宗教是完美和神圣的，但他们也已经放弃了上帝的本质体现于圣餐之中的理论。同样，我们在接受哲学理论的同时，也可以拒斥形而上学的多数命题，并否认把现实世界看作终极真理的表象。天主教小说家弗兰纳里·奥康纳（Flannery O'Connor）认为，圣餐不会揭示上帝的存在，但却是一个美妙的符号。或许，我们可以接受她的立场。不过，"既然它只是一个符号，那么就让它见鬼去吧！"

同时参见：

3.2　延异、解构主义和对"在场"的批判

3.3　经验主义对形而上学的批判

3.5　福柯对权力的批判

推荐读物：

William James（1907）. *Pragmatism and the Meaning of Truth*.

Richard Rorty（1979）. *Philosophy and the Mirror of Nature*.

★ Louis Menand（1997）. *Pragmatism：A Reader*.

Richard J. Bernstein（2010）. *The Pragmatic Turn*.

★ Cheryl Misak（2015）. *The American Pragmatists*.

3.11　萨特的"自欺"批判

你是否曾将价值连城的东西——比如花瓶、稀有的工艺品、婴儿——持在手中，没有任何原因却始终担心自己将其摔坏？你是否曾站在高楼阳台或高耸悬崖之边，始终害怕自己不小心跌落？你是

否曾身处庄严、宁静的典礼之中，始终害怕自己忍不住大声叫嚷？假若你有上述经历，你也并不孤单。法国存在主义哲学家让-保罗·萨特认为，这些日常经验可不仅仅是一种心理现象。对于他而言，它们都表明了极其深刻的人类存在状态：我们的绝对自由。

萨特认为，怀抱婴儿抑或立于崖边时之所以令人恐惧，并不是因为我们担心某种外力或意外突然出现，迫使我们做出不可挽回之事。更深的原因是，没有任何事物能够阻止我们把孩子扔在地上，或者伤害自己的性命。在当时的情况下（更准确地说，在任何情况下），唯一能够阻止我们做出可怕行为的只有我们自己——我们自己纯粹的、不受限制的"自由选择"（free choice）。

问题是，纯粹的自由会让人们感到恐惧。我们面对自由选择时，通常会有"担忧"［anxiety，存在主义者也称之为"焦虑"（angst）］、恶心、畏惧等情绪。正是因为自由总伴随着恐惧，所以人们在坚称没有获得真正自由的同时，仍会逃避自由，企图躲开他们的自由。当人们这样做时，当人们试图否定自由时，萨特就认为他们的行为受到了"自欺"（bad faith，mauvaise foi，或译"错的信念""坏的信念"）的影响。于是，自欺也就能够刻画许多哲学立场。

例证

例如，经典马克思主义者认为，无论任何时候，人类行为都取决于历史的必然规律和支配性的经济关系，而不认同人类的自由行为决定了历史和经济的发展。因此，在萨特看来，马克思的经济决定论就是一种哲学意义上的"自欺"。［但需谨记，萨特认为马克思主义能够与他的自由哲学统一起来，他也花费了大量的精力研究如何实现这一点——参见他的《辩证理性批判》(*Critique of Dialectical Reason*, 1960)。]

　　同样，自然主义亦是萨特"自欺"概念的典型例子。许多哲学家，如霍尔巴赫男爵 (Baron d'Holbach, 1723—1789)，都认为人类与自然世界是统一的。由于自然事件皆由因果律所决定，而人类行为也不过是自然事件，因此人类行为始终处于必然的因果链条之中，人们也就没有自由。然而，在萨特看来，人类意识 [他追随黑格尔，将其称作"自为" (pour-soi, for-itself)] 和自然世界 [他称作"自在" (en-soi, in-itself)] 并不是统一的。意识否定 (negates) 自然对象和自然过程，并将自身与自然区分开来。于是，自然主义就是一种自欺。

工具的应用

　　此外，据萨特所言，自欺永远都是不彻底的。换言之，人们其实始终知道自己的自由，即便它长期被忽视，但它仍会时不时地突然冒出来。我们使用这个工具去审视一种哲学立场时，首先要问自己以下问题：

　　　　1. 假如可能的话，该哲学理论应如何表达对纯粹人类自由的认同或否定？

　　　　2. 假如它否定自由，那么，尽管它否定了自由，这个理论——也许是含蓄的，违背了它明确的意图——如何仍然肯定人类的自由呢？

　　然而，我们需要特别注意一点：假如人类并非具有萨特所说的自由，那么这个批判工具便是无效的。因此，这个工具必须以人类的绝对自由为前提。我们若要指责他人在否定自己的自由，就要先证明他们真的有自由。

同时参见：

2.4　黑格尔的主/奴辩证法

3.1　阶级批判

3.5　福柯对权力的批判

3.6　海德格尔对形而上学的批判

推荐读物：

Jean-Paul Sartre（1943）．*Being and Nothingness*，Pt 1，Ch. 2.

Jean-Paul Sartre（1945）．*Existentialism is a Humanism*.

★ Joseph S. Catalano（1980）．*A Commentary on Jean-Paul Sartre's Being and Nothingness*.

Christina Howells（ed.）（2008）．*The Cambridge Companion to Sartre*.

★ Kevin Aho（2014）．*Existentialism：An Introduction*.

第 4 章

工具的局限性

4.1　基本信念

哲学体系常被喻为一项建筑工程。我们的知识结构就像高楼大厦，只有根基牢固可靠，才能确保自身的安全。

哲学的这种"基础主义"（foundationalist）方法，需要一些信念来承担哲学的坚实根基。但何种信念能够做到这一点呢？我们应该选择哪些信念来担任知识大厦的基石，以便其他信念能够屹立在它们之上呢？

主题的多样性

在哲学史上，"基本信念"（basic belief）曾以多种化身出现过。古希腊的斯多亚主义者如克里安西斯（Cleanthes，约前331—约前232）、克吕西波（Chrysippus，约前280—约前207）等声称，我们的思想和经验都是自明的，包括"把握性印象"（cataleptic impressions）在内。随后，笛卡尔复兴了这种信念，并称其为不容置疑的"清晰明白的概念"。艾耶尔（Ayer）则提出了"基本命题"（basic statements），他认为基本命题的真值决定了其他命题的真值，但其他命题的真值却不能决定基本命题的真值。换言之，我们可以用基本命题来判定其他命题的真假，但不能用其他命题来判定基本命题的真假。

对于艾耶尔而言，典型的基本命题便是"观察命题"（observation statements）。我们观察到纯净水是清澈的、易于流动的液体，这个观察就可被用于判定其他命题的真假。例如，假如有人溺亡于一种浓厚、浑浊、不透明的物质之中，我们的基本命题便可以帮助我们判断他没有溺亡于纯净水之中。

近些年，阿尔文·普兰丁格则定义了"正当的基本信念"（properly basic beliefs）。正如艾耶尔的基本命题一样，普兰丁格的基本信念构成了其他信念的根基，但它却不以其他信念为根基。然而，一个信念要成为正当的基本信念，还必须满足额外的要求。假如一个信念是正当的基本信念，那么：（1）它是基本的；（2）我们有正当的理由相信它。

因此，按照普兰丁格的观点，如果你相信精灵的存在，决定要相信，并以此作为其他信念的基础，那么，你的信念就不是正当的基本信念。也就是说，你相信精灵的存在并非基于其他信念（所以它是基本的），但你没有理由相信它（所以它不是正当的）。

上帝能成为根基吗？

显然，普兰丁格的"正当的基本信念"与艾耶尔的"基本命题"之间有着一定的相似性，并且都解释了它们如何成为知识的根基。但关于哪些信念是正当的，他们却有很大的分歧。在普兰丁格那里，正当的基本信念不仅仅包括观察到的事实和自明的逻辑真理。具体而言，他认为，人们相信亚伯拉罕的上帝存在也是一个正当的基本信念。这不是说相信上帝存在一定是对的，而是对于某些人而言，上帝存在与其他命题（比如相信他人有思想，我们能够看见事物，存在着一个独立的世界，等等）一样显而易见。即使这些命题都有可能证明上帝存在是错的，但这仍然不能说明相信上帝存在不是一个正当的基本信念。"不可错性"（infallibility），对于普兰丁格来说，并不是正当的基本信念之一。

普兰丁格的论证彰显出哲学共有的一种局限性。大卫·休谟曾指出，我们没有任何归纳的、观察的或直觉的理由相信因果关系的力量。然而，我们被迫相信并依此行动，就好比在原因和结果之间存在着必然联系一样。就此而言，相信因果关系便是一个正当的基本信念：它不以其他信念为根基，但它是其他信念的根基，而且许多哲学家根据归纳法也有正当的理由相信它。

普兰丁格试图指出，对上帝的信念同样是基本的。因而，我们可以质疑认为没有理由相信上帝存在的无神论者：他们既然不相信上帝的存在，那么为何又相信因果关系，因为同样没有推理的、归纳的或直觉的理由来支持因果关系的存在？当然，无神论者也可以采用相同的逻辑进行反驳：既然相信上帝存在，那么为何不能把仙女存在也视为正当的基本信念？此外，对外部客体及其因果关系的信念与对上帝的信念有很大的不同，对上帝的信念存在着广泛的差异，并且普遍不太稳定。那么，神学的信念到底在什么意义上是正当的基本信念呢？这个争论会这样一直持续下去。

反对基础主义的哲学家——比如实用主义者理查德·罗蒂、后结构主义者米歇尔·福柯和文学理论家雅克·德里达——都认为，根本没有基本信念或基本命题。但是，所有相信基础主义的哲学都需要类似于"基本命题"和"正当的基本信念"的命题或信念。如果你选择了基础主义，困难之处就在于如何选择有效的基本信念——它们是自明的，不以任何其他信念为根基。

同时参见：

1.1*   论证、前提和结论

1.9*   公理

1.14   亲知的知识/描述的知识

3.2   延异、解构主义和对"在场"的批判

4.9   自明真理

推荐读物：

Bertrand Russell (1940). *An Inquiry into Meaning and Truth*.

James F. Sennett (ed.) (1998). *The Analytic Theist：An Alvin Plantinga Reader*.

★ Julia Annas (2001). Stoic epistemology. In：*Epistemology：Companions to Ancient Thought*, Vol. 1 (ed. Stephen Everson).

Jack Lyons (2009). *Perception and Basic Beliefs*.

4.2　哥德尔和不完全性定理

物理学家艾伦·索克尔曾在一次访谈中说："有个人，我记不清是谁了，说他相信经验法则。他认为，如果有人在人文或社会科学领域引用海森伯的测不准原理，那么他就应该被假定是有罪的，直到他能证明自己的清白，我觉得很有道理。"

哲学作品（尤其是非职业人士或研究生的作品）现在有一种趋势，他们会选取一个著名的科学理论，而后从中得出具体的哲学结论。当教授或导师看到"我将用爱因斯坦的相对论证明……"时，他们的心都碎了。

问题在于，著名的科学理论往往比它们在非专业人士眼中看起来的复杂得多。只有花时间深入学习，一个人才能理解它们的细节，从而得出准确可靠的结论。索克尔本人就和这些人有着长期的争论，他们习惯于依靠量子力学来给出哲学结论，这实在太草率了，因为就连专业的物理学家都觉得量子力学难以解释清楚。

具体指什么？

数学哲学家库尔特·哥德尔（Kurt Gödel，1906—1978）的"不完全性定理"（incompleteness theorem）也经历了相同的命运。事实是，假如你的数学能力没有达到非常高的水平，你就不可能理解哥德尔定理的意思，更别说在哲学领域应用它了。首先，实际上存在两个定理，其中第二个定理是第一个定理的必然结果。根据西蒙·辛格（Simon Singh）的《费马大定理》（*Fermat's Last Theo-rem*，1997），第一个定理准确的数学陈述是："对每一个 w-相容的形式的递归类 k，有一个对应的递归类符号 r，使得 v Gen r 和 Neg（v Gen r）都不属于 Flg（k）（这里 v 是 r 的自由变量）。"[①] 明白我们的意思了吗？

一个更容易理解但在某种程度上已经简化的版本则是：无论以何种形式，在能够描述算法的相容逻辑系统中，至少存在一个命题既不能被系统证明，亦不能被系统证伪——除非我们允许系统是不一致的。在这个系统中，假如所有依据逻辑而构建的真命题不能全部得到证明，那么该系统就被认为相对于真而言是不完全的；当所有的真命题都能在系统内推导出来时，该系统就被认为是完全的。那么，哥德尔的意思基本上就是：当一个逻辑系统达到一定的复杂性时，完全性和一致性之间就会出现一种权衡——你如果确立了其中一个，那么就会失去另一个，反之亦然。

哥德尔的成就为何如此惊人？这一点从历史中便可以知道。上世纪之交，戈特洛布·弗雷格和伯特兰·罗素都写了高水准的、饱受赞誉的名著，以说明每个数学真理都是可以被严格证明的，但哥德尔恰恰指出了这并不可能。因此，对于罗素试图把数学归入逻辑学的计划，以及许多逻辑学家和数学家的愿望，哥德尔定理都造成了毁灭性的致命打击。（可以与罗素在其作品中所发现的同样重要的、颠覆性的和自我反思的悖论进行比较。）

不仅如此，哲学理性主义还渴望在它所建立的哲学-数学-逻辑

---

① 译文参见西蒙·辛格：《费马大定理——一个困惑了世间智者 358 年的谜》，薛密译，上海译文出版社 2005 年版，第 136 页。

体系中达到一种逻辑上的完美，并且通常还会假定一种与现实秩序相对应的完美。哥德尔所证明的那种权衡在理性主义的构想中本不应出现。实际上，哥德尔的工作引出了一个问题：现实自身是否完全是理性的？从这个意义上说，对于能够一直追溯到西方哲学起源的愿景和假设，哥德尔的不完全性定理都造成了致命的打击。

一般应用

无论如何，哥德尔（高度简化的）告诫是，我们无法证明所有事情。就此而言，我们还能接受。但请记住，哥德尔的理论只证明了一部分的形式系统是不完全的。经常听到的说法是，在每个符合一致性的理论中，肯定存在着至少一个不能被证明的命题，但这个说法是错误的。人们通常很容易从哥德尔定理中推出各种适用于一般哲学领域的启示，尽管我们可以在这里放松一点要求，但要注意，这样做往往是草率且具有误导性的。

因此，明智的做法是，我们大家不要过多解读哥德尔定理的细节，而只是简单地把它视为警世寓言，以防止哲学中不可一世的理性主义野心。

同时参见：

1.6*　一致性

1.10　蕴含/蕴涵

4.6　悖论

推荐读物：

Bertrand Russell and Alfred North Whitehead（1910 – 1913），*Principia Mathematica*。

Kurt Gödel（1931）. On formally undecidable propositions of *Principia Mathematica* and related systems. *Monatshefte für Mathematik und Physik* 38：173 – 198.

★ Michael Dummett（1978）. The philosophical significance of Gödel's Theorem. In：*Truth and Other Enigmas*.

Rebecca Goldstein（2005）. *Incompleteness*.

Ernest Nagel and James Newman（2008）. *Gödel's Proof*.

4.3　解释学循环

在 1799 年拿破仑的军队在埃及发现罗塞达碑之前，人们已经能读懂埃及象形文字将近 1 500 年了。一块石头是如何改变这一现状的呢？嗯，这块石头上刻着三种语言——古埃及象形文、俗体文和古希腊文——的铭文，铭记着公元前 196 年在孟斐斯颁布的一项文告，代表托勒密五世。由于希腊文已经为翻译人员所熟知，所以最终有可能解码象形文字，以及解开俗体文写作中所隐藏的维度。这一发现的意义是巨大的。

这一发现的重要性突出了哲学解释学的一个核心原则——"解释学循环"（hermeneutic circle）。赫尔墨斯是希腊的神（对于罗马人来说，是墨丘利），他在神与人之间传递信息，而意义的传达是解释学研究的对象。解释学循环的观念包含了许多维度，但其中最主要的是这样一种观点，即我们对世界的解释并不是用一种完全新颖的方式做出的，因为全新的和未知的东西只能通过已知的东西来理解，就像无知的古埃及人被有知的希腊人照亮一样。认识论家和科学哲学家把这种已知的性质看作背景知识或背景理解。古代的皮浪派怀疑主义者似乎已经预见到这种现代观念，他们的预辩（prolepsis）或前概念已经建立在人类的习俗中［《皮浪学说概要》，2.22.46；《反伦理学家》（*Against the Ethicists*），11.165–66］。解释学家汉斯·格奥尔格·伽达默尔（Hans Georg Gadamer）也有类似的想法，并简要地称之为 Verstehen（理解）。

解释学车轮？

从某种意义上说，解释学循环似乎暗示了人类理解所固有的一种深刻的保守主义。既然新的东西只能用已经理解的东西来解释，那么就似乎没有什么绝对新颖的东西是可设想的。在很多方面，这看起来也很像对先验的诉诸。正如你所记得的（参见 1.1），先验是由概念和原则组成的，这些概念和原则在我们思考与行动的时候总是存在的。这就是为什么在柏拉图的对话录《美诺篇》（*Meno*）中，即使是一个没有受过教育的奴隶男孩也能对几何做出合理的推断。然而，因为先验的总是已经存在的，所以它不仅适用于所有理性存在者，而且也无法被超越。既然如此，那么换句话说，这个循环描述了一种对意义的可能性的限制——一种人类的有限性。

这种对人类的有限性的接受，使解释学思想与启蒙运动的大部分思想，实际上也与哲学理性主义的大部分思想产生了冲突。虽然哲学史上的许多思想家都渴望超越人类的观点、习俗和传统，但解释学理论将人类思维始终置于特定的环境中——哲学家们用更专业的方式称之为情境或背景。对于解释学家来说，在一个预先存在的意义网络之外，似乎没有一个独立的阿基米德点可以撬动绝对判断。若是这样，在日光之下，人类还能领悟到什么新事物吗？

　　虽然诉诸解释学循环的思想家们同意，新事物必须根据已经存在的背景来构思，但对于他们来说，背景并不总是完全相同的。虽然绝对的新事物的想法可能是荒谬的，但在大多数情况下，解释学循环的背景是动态的，随着人类的对话、批评、发现和重新评估的历史而不断改变、不断发展。尽管康德试图定义跨文化和跨历史的先验"范畴"或"纯粹知性概念"，这些是所有有意识的存在者始终共有的，但后来的思想家，如威廉·狄尔泰（Wilhelm Dilthey，1833—1911）则认为，先验背景会随着历史的发展而变化。现象学家马丁·海德格尔同意这一观点，并强调意义的循环历史性（参见1.11，3.6）。两人都认识到，由于解释学循环以一种动态的方式向前移动，创新本身总是并且已经在其中成为可能。因此，人们可以更恰当地把解释学循环看作一个向前滚动的解释学车轮。

解释学辩证法：部分到整体和整体到部分

　　通过这种方式，解释学理解（Verstehen）的循环动力包含了一种反复的理解运动，释经学家弗里德里希·施莱尔马赫（Friedrich Schleiermacher，1768—1834）发现了这一点。根据施莱尔马赫的观点，每个独立的句子都必须考虑到全文来理解。正如伽达默尔所说，在解释的行为中，一个人必须"在他自己面前投射出文本作为一个整体的意义"。然而，反过来，整体本身又结合从细节中衍生出来的新考量而进一步发展。所以，举例来说，虽然《圣经》里的一个特定句子必须通过参考它所包含的段落、章节和整本书来理解，但也有一种情况是，整本《圣经》在被解释的时候，会在已经阐释的每一行中获得新的启迪。同样，虽然像罗塞达碑上的象形文字这样的新发现必须通过已经理解的东西来解释，但通过每一个新发现，现有背景或意义的范围就会被修改和扩大。

如此往复，从整体到部分，再从部分到整体；从已经理解的到新获知的，再从新获知的到已经理解的。有时，清晰地区分什么是新颖的和什么是作为背景的是困难的，但如果解释学家是正确的，那么理解的生命就包含一种持续的、循环的辩证法，它沿着意义和发现的各个层面不断推进。

同时参见：

2.3* 　辩证法

3.8* 　合成与分割

1.1 　先验/后验

3.2 　延异、解构主义和对"在场"的批评

推荐读物：

Georgia Warnke （1987）. *Gadamer：Hermeneutics，Tradi-tion，and Reason.*

John Llewelyn （1989）. *Beyond Metaphysics：The Herme-neutic Circle in Contemporary Continental Philosophy.*

★ Ronald Bontekoe （1996）. *Dimensions of the Hermeneutic Circle.*

Jos de Mul （2004）. *The Tragedy of Finitude：Dilthey's Hermeneutics of Life.*

A. Barber （2009）. Holism. In：*Key Ideas in Linguistics and the Philosophy of Language* （ed. S. Chapman）.

4.4 哲学与艺术/作为艺术的哲学

看看你如何评价这个恐怖的情节："X 在一开始占着宝座，以绝对的威势和权力颁布规律，确定原理。因此，她的敌人就被迫藏匿于她的保护之下，借着应用合乎理性的论证来说明 X 的错误和愚蠢，因而可以说是在 X 的签字和盖章之下做出了一个特许照。这个特许照在一开始依据了它所由以产生的 X 的现前直接权能，而也具有一种权能。但是它既然被假设为与 X 相矛盾的，所以它逐渐就减弱了那个统治权的力量，而同时也减弱了它自己的力量；直至最后，两者都因循序递减而完全消失殆尽……"①

令人惊讶的是，这并非小说或电影里的情节，而是出自休谟的《人性论》（1.4.1），X 正是早期哲学作品中的英雄，理性；反派当然是那个老坏蛋，即极端的怀疑主义。

作为艺术的哲学

休谟在总结理性与怀疑主义的关系时，无疑采用了修辞学的手法。但这也引出了一个问题：我们能否借鉴小说、诗歌、电影以及绘画和音乐的诠释方法，去解读哲学文本呢？诸如柏拉图的对话录和奥古斯丁的《忏悔录》等文献，似乎正适合这种方式。就其写作手法而言，柏拉图无疑在作品中使用了场景、人物性格、故事情

---

① 译文参见休谟：《人性论》上册，关文运译，商务印书馆 1980 年版，第 213 页。

节、比喻、词源和典故等要素。奥古斯丁诗意般地讲述了堕落和拯救的戏剧性故事，例如他使用了花园的比喻（暗指伊甸园），这些都无法否认。

的确，这种叙事手法是有用的，还适用于更加抽象的哲学文本，甚至抽象到康德的《纯粹理性批判》那种程度。哲学文献的文学手法（暗喻、象征、借喻以及其他修辞方法）有助于我们洞悉文献的意义，认清论证的观点。当然，把作者想象成一个叙述者、一个概念世界的创造者，他正策划着其中发生的事情，这似乎有点过分；但这样做也可以提醒读者，即使是尝试对现实进行最严肃、最抽象的描述，也会受到修辞和诗学的影响。理论和（其他形式的）文学并非完全不同。

作为哲学论证的艺术

因此，哲学可以被解读为文学的一种形式。那么，有些艺术作品也可以被解读为哲学吗？至少有两种解读方式。

第一，哲学论证是独立的，艺术则是论证中使用的例证、图表和评测案例的来源。费奥多尔·陀思妥耶夫斯基（Fyodor Dostoevsky）的《卡拉马佐夫兄弟》（*The Brothers Karamazov*，1880）和弗兰兹·卡夫卡（Franz Kafka）的寓言《变形记》（*Metamorphosis*，1915）等小说，经常被作为例子或思想实验来引用。英格玛·伯格曼（Ingmar Bergman）的《第七封印》（*Seventh Seal*，1957）、费德里科·费里尼（Federico Tellini）的《我记得》（*Amarcord*，1973）和伍迪·艾伦（Woody Allen）的《罪与错》（*Crimes and Misdemeanors*，1989）等电影，同样在许多哲学例证中十分常见。

音乐同样如此，甚至在柏拉图时期，它就常被用于形容道德理念是否和谐。实际上，从哲学维度诠释流行文化的做法，已如雨后春笋般涌现出来；因而，各种流行文化皆可被用于哲学论证中，从"《谋杀绿脚趾》"（*The Big Lebowski*）到"金属乐队"。

然而，第二种将艺术视为哲学的方式更加深刻。相较于例证的源泉，艺术则在哲学研究中真正发挥着作用。这或许是因为它们的核心内容有时是围绕哲学主题和论证而进行构建的。例如，陀思妥耶夫斯基《卡拉马佐夫兄弟》中的伊万这个角色，他就构建了一些关于神正论（或邪恶问题）的非常有力的论点。实际上，伊万通常也被理解为理性人的象征。

作为哲学的艺术，使用它特有的工具

或许更令人兴奋的是，艺术还能以形式论证无法做到的方式来做哲学。例如，哲学家斯坦利·卡维尔（Stanley Cavell）就撰写了许多有影响力的论文，去讨论莎士比亚（Shakespeare）研究怀疑主义的方式——莎士比亚并不是简单地将哲学论证置于人物角色之间的对话中，而是直接将怀疑主义及其解决方式编写到故事情节里。同样，电影、戏剧和小说都会将伦理问题直接呈现在我们面前，这比论证的证明更真实、更有力。罗伯特·鲍特的《良相佐国》（*A man for All Season*，1954）生动地刻画了根据一种责任伦理来生活的故事，这可以说是正式论文无法做到的。

因此，除了构建论证之外，艺术还有着特有的工具去探讨哲学问题，而这是哲学文献、学术论文和期刊文章并不具备的手段。艺术修辞和手段，如隐喻、转喻、提喻、语气、符号、节奏、旋律、不谐和、色彩、对比等，或许具有自己特有的能力，从而产生不同于逻辑论证、证明和分析的哲学洞见和理解。或许通过审美体验而获得的感觉和情感，自身就具有哲学意义？或许哲学所承载的东西要远超命题性的内容。

哲学家玛莎·努斯鲍姆（Martha Nussbaum）和理查德·罗蒂曾分别指出，道德问题最好通过艺术和叙事文学的方式呈现出来。因为哲学论文要依赖普遍或抽象的概念，而叙事更有利于描述那些无法被抽象的、极端的、关键的道德境遇。罗杰·斯克鲁顿（Roger Scruton）继承了柏拉图的观点，他甚至认为音乐是培育伦理品格的重要工具。凭借音乐，我们可以"进入癫狂的状态"，抑或"进入沉思的状态"，这些都是"品格形成的经验"。

克尔恺郭尔、尼采和维特根斯坦等哲学家，早已意识到正统哲学文献与哲学论证的局限性，因而转去探究一些"间接交流"的方式。在某种程度上，这是因为"间接交流"能够以文献和论证无法做到的方法来促进哲学的发展。因此，我们要想全面地评价哲学主题或人类生存，就或许不仅要研究正统的哲学文献、杂志、论证和评论，同样需要研究相关的电影、绘画、戏剧、小说和诗歌。

同时参见：

1.1* 　论证、前提和结论

2.3* 　辩证法

2.1 　格言、片段、短评

2.6 　间接话语

推荐读物：

Cora Diamond (1995). Anything but argument. In：*The Realistic Spirit*，Ch. 11.

Stanley Cavell（2003）. *Disowning Knowledge in Seven Plays of Shakespeare.*

Joshua Landy（2004）. *Philosophy as Fiction.*

★ Richard Eldridge（ed.）（2009）. *The Oxford Handbook of Philosophy and Literature.*

Stephen Mulhall（2016）. *On Film*，3rd edn.

Susanna Berger（2017）. *The Art of Philosophy.*

4.5　神秘的经验和启示

哲学与神秘主义之间的关系，最多只能解释为暧昧不清。有许多通常被视为哲学家的学者，他们的生活或著作在很大程度上受到了神秘经验的影响——比如中世纪的爱克哈特大师（Meister Eckhart，约 1260—1327）、宾根的希尔德加德（Hildegard of Bingen，1098—1178）以及诺威奇的朱利安（Julian of Norwich，1342—1416）。即便是一些最为著名的哲学家，他们理论中的某些要素也会被描述成神秘主义的。柏拉图《会饮篇》（*Symposium*）中有一个著名的情节被称为"爱的阶梯"（210e‐211a），它通过描绘一种神秘启示激励了很多人；更不用说他在《理想国》（532d‐534a）中通过著名的"线喻"描述了灵魂的最重要的行为。沿着同样的思路，像普罗提诺（Plotinus，205—270）、普罗克洛（Proclus，410—485）这样的新柏拉图主义哲学家，以及基督教圣奥古斯丁，都在他们的哲学作品中诉诸神秘主义式的经验。从某种角度来看，马丁·海德格尔的著作中也有一些神秘主义的思想——比如《存在

与时间》中出现的"瞬间"和"良心的呼唤"。在《逻辑哲学论》
中，路德维希·维特根斯坦谈论的"显示"就是一种神秘主义。另
外，许多哲学家虽然没有公开地讨论神秘主义，但仍然会提到"直
觉"和"智性"，且从未解释清楚它们与神秘经验或启示之间的差
异。[例如斯宾诺莎的"直观知识"，《伦理学》（*Ethics*），Pt 2，Pr.
40. Sch. 2。]

抵制神秘主义

尽管许多著名哲学家都有类似于神秘主义的论述，但一般来
说，哲学对神秘主义并不宽容，而且有充足的理由。宽泛地说，哲
学家之所以拒斥神秘经验，主要是因为它无法保证解释抑或知识的
确定性。或者说，它常被指责为不理智的、不可靠的、不一致的，
以及存在复杂性的问题。

不理智的。它被指责为不理智的，因为：依其定义，神秘经验
是不能被人们充分理解的经验，纵使声称有过这种经验的人也不能
理解。换言之，神秘经验大致可被描述为"超出感知、经验观察、
智性或理性把握的经验"。它通常还被描述为难以形容的、无法言
明的，而它的作用亦是如此。那么，假如某事物难以形容、超出理
性，那么它如何形成强有力的理论、充分的解释、清晰的概念和合
理的理解呢？它如何能够服务于良好的思考呢？

不可靠的。它被指责为不可靠的，因为：神秘经验通常是私
密的、个人的，无法得到他人的检测或验证。人们早已证明，个
人经验并非知识的可靠根基；而客观实验以及他人论证过的命
题，则可被视为构建知识的重要基础。神秘经验似乎既不能被核

实，又不能被纠正，因而以它为根基的知识，可以想怎么说就怎么说。

不一致的。同样，它还被指责为不一致的，因为：神秘主义的理论通常彼此之间都不一致，比如多种宗教和灵魂学说之间就有巨大的差异。与这种宗教和形而上学相比，自然理论和社会科学都显示出了极为显著的一致性与统一性。很少有物理学家会争论热力学定律；很少有生物学家会争论进化论。相较而言，基于启示和神秘经验的宗教信仰，则有很多的变种和矛盾之处，例如，犹太教、基督教、佛教、伊斯兰教、拜火教、印度教、巴哈教、埃及宗教、希腊奥林匹亚宗教、美国原住民宗教，等等——更不用说这些教派内部的多样性了。

不可判定的。此外，与科学领域的争端不同，宗教争端似乎难以解决，没有明确的程序来解决或判定它们。基督教对于《尼西亚信经》（Nicene Creed）中的"和子说"（Filioque）这一表述的争论已经持续了千年，且尚未解决（而且很可能短期内不会得到解决），而关于引力波或所谓的"上帝粒子"（希格斯玻色子）是否存在的争论已经被物理学家相对较快地解决了。这难道还不足以说明，在寻求知识和理解世界的过程中，我们就不应该依赖神秘经验作为指导吗？

过于复杂的。最后一点，神秘经验似乎同样需要预设不必要的、形而上学的复杂性。它似乎挑战了奥卡姆的简单性原则（参见2.8），因为它需要对一系列超自然实体做出形而上学的承诺。用更简单、更自然的术语来解释世界——也许甚至把神秘经验本身解释为某种自然事件——不是更好吗？

假如？

然而，神秘主义已经出现很久了，有许多人都试图证实它的力量。在《宗教经验之种种》（*The Varieties of Religious Experience*，1902）中，威廉·詹姆斯（William James）曾经指出，不同的神秘经验似乎彰显出了一定的规律性，这说明神秘经验背后一定存在着我们未知的事物。确实，这种一致性可能有生物学上的原因，许多大脑和认知科学领域的研究正是这样做的。但也许，借用莎士比亚的说法［《哈姆雷特》（*Hamlet*），Act 1，Scene 5］，"天堂和地狱里有许多事情，是你们哲学里想都想不到的呢"。话又说回来，或许也并非如此。

同时参见：

2.9* 还原

3.31* 可检验性

3.3 经验主义对形而上学的批判

4.9 自明真理

推荐读物：

Augustine（late fourth century）*Confessions*，e. g. Bk 7，Ch. 16.

Elmer O'Brien（1964）．*The Essential Plotinus*.

Steven T. Katz（ed.）（1978）．*Mysticism and Philosophical Analysis*.

Keith Yandell（1993）．*The Epistemology of Religious Experience*.

★ Theodore Schick and Lewis Vaughn（2020）．*How to Think about Weird Things*，8th edn.

4.6　悖论

对哲学一窍不通却又喜欢装模作样的人，通常特别钟爱"悖论"（paradoxes）。他们喜欢指出一些"人类生活中的悖论"，比如"在失去之前，你从不知道你得到过什么"；他们还会表达一些看似深刻却空洞的"悖论"，比如"唯独无知才是真正的知识"。对于他们而言，观察到矛盾存在，仿佛就等同于哲学研究。

悖论并非西方哲学中的经典内容，但十分重要，因为它们在某种程度上表达了深层的真理。在哲学中，"悖论"有非常特定的含义，一般并非指一种高深莫测或自相矛盾的论断。

悖论类型 1：理性有悖于经验

"paradox"一词源自希腊文 para 和 doxa，大致可被翻译为"与信念相反"或"超出信念"。因此，我们看到的第一种悖论是指：我们从绝对正确的前提出发，通过绝对正确的推理，得到一个理性的结论；但是，它却有悖于我们的常识或日常经验。

这种悖论的经典例子由埃利亚的芝诺（Zeno of Elea，约前490—约前430）提出，他继承并发展了他的老师巴门尼德的理论。其中一个悖论是：假设阿基里斯和乌龟在赛跑，并且让乌龟先跑一段距离。乌龟的速度很慢，但始终以恒定速度前行。如果我们把阿基里斯起跑时乌龟所在的点称作 A 点，那么，当阿基里斯到达 A 点时，乌龟前行了一段距离，到达 B 点。同样，当阿基里斯到达 B

点时，乌龟又前行了一段距离，到达 C 点；当阿基里斯到达 C 点时，乌龟再次前行了一段距离，到达 D 点；照此类推。因此，阿基里斯永远无法追上乌龟。

这个推理过程看似毫无问题，但显然与事实（阿基里斯肯定能追上乌龟）不符，因而是一个悖论。于是，我们要么接受推理有误（即便我们不知道何处有误），要么认同阿基里斯无法追上乌龟（即使它看起来显然是可能的）。两种选择都与经验、理性或日常信念相悖，因此便产生了一个悖论。

悖论类型 2：理性有悖于自身

有一句令人困惑的话是："这句话是假的。"当我们追问这句话的真假时，就会出现一个悖论：假如它是真的，那么它就是假的；假如它是假的，那么它就是真的！（另一个著名的例子是骗子悖论，它大致可被表述为："我说的所有话都是谎言。"——如果这句话是真的，那么这就意味着这句话本身就是一个谎言；但如果它是谎言，那么它就不是谎言！）由于一句话不可能既真又假，所以我们似乎就面对着一个悖论。这句话看似没有任何语法错误或语义异常的迹象，但用它进行简单推理时，就会得到诡异甚至自相矛盾的结论。

这种类型的悖论还有一个著名的例子，称作"罗素悖论"①。罗

———————

①　1901 年，罗素提出了这个悖论，亦称为"理发师悖论"。大意是：有位理发师声称"只给所有不给自己刮脸的人刮脸"。有一天，他见自己的胡子长了，那他是否应该给自己刮脸？如果他不给自己刮脸，他就属于"不给自己刮脸的人"，便可以给自己刮脸；如果他给自己刮脸，他就属于"给自己刮脸的人"，便不该给自己刮脸。于是产生了悖论。

素发现了一个概念问题，推翻了集合论中的"内涵公理"［Axiom of Inclusion，亦称作"概括公理"（Comprehension Axiom）］。

根据该公理，所有事物或所有事物的属性都属于某个集合（比如，所有红色事物的集合）。就连集合也属于不同的集合（例如，所有"超过 3 个数字的集合"可以构成一个集合，而该集合也是自身的一个成员）。当然，有的集合并非自身的成员（比如，所有"少于 5 个数字的集合"构成的集合）①。罗素的发现在于，似乎存在特定的集合，若将其视为自身的成员，便会以一种非常麻烦的方式引起悖论："不能视为自身成员的集合构成的集合。"假如该集合是自身的成员，那么该集合便不是自身的成员；假如该集合不是自身的成员，那么该集合便可算作自身的成员！"内涵公理"似乎就像掉进了一个螺旋式的洞里，仍在困惑着理论家们。

悖论类型 3：经验有悖于理性

哲学史上还有另外一种类型的悖论。克尔恺郭尔认为，现代哲学的理性主义诉求（尤其是黑格尔的理性主义诉求）与基督教的道成肉身教义相冲突。按照基督教的教义，耶稣基督是不朽的、全能的、全知的上帝，同时又是有朽的、有限的并没有很大能力的凡人。按照克尔恺郭尔的看法，这种观点在逻辑上是荒谬的、自相矛盾的、充满悖论的。之所以如此，是因为理性和系统的哲学不能解

---

① 大意是：（1）超过 3 个数字的集合有无穷多，假设是 n；由于 n＞3，故而它们构成的集合也超过 3 个数字，因此是自身的成员；（2）少于 5 个数字的集合有无穷多，假设是 m；由于 m＞5，并非少于 5 个数字，因此不是自身的成员。

释基督教的道成肉身教义。然而，克尔恺郭尔认为，道成肉身的悖论性并不是该教义的缺陷，反而证明了该教义的伟大。因为，我们从中不仅能够看到理性的局限性，而且能够看到信仰的无限力量。因此，在成为基督徒的道路上不能依靠推理，而只能凭借"信仰的飞跃"（leap of faith）。

悖论的价值

哲学家们为何对悖论如此感兴趣？在大多数情况下，人们可以很开心地忽略它们，它们似乎并没有告诉我们任何关于自然世界的事情。例如，几乎没有人会相信芝诺的教诲，即超过乌龟是不可能的。

哲学家们对悖论感兴趣的原因在于，悖论揭示了推理的本质和局限性。假设悖论的前提和推理几乎都是完美无瑕的，但我们如果仔细进行调查，就很可能会发现，一些看似显而易见的事情实际上是非常复杂的。或许，一个看似清晰透彻的前提隐含着歧义和矛盾。或许，一个看似有效的推理其实无效，或者推理所依赖的原则有缺陷。或许，某种形式的论证并不适用于某些特定的命题。例如，我们就无法用模糊的概念研究经典逻辑。我们甚至可以看到推理本身的有限性，就像哥德尔定理的论证一样。你可能已经注意到，许多悖论都涉及某种关于自我的运动变化；也许传统逻辑无法处理这种情况。那么，悖论的力量就在于：它们迫使我们仔细而深入地审视那些看似显而易见的东西。这本身就相当强大，也是哲学的一个重要要求。

同时参见：

1.6*　　一致性

1.12*　　重言式、自相矛盾和不矛盾律

3.14*　　信念/反信念

3.29*　　自我挫败论证

4.2　哥德尔和不完全性定理

推荐读物：

Nicholas Rescher （2001）. *Paradoxes: Their Roots, Range, and Resolution.*

★ Roy Sorensen （2003）. *A Brief History of the Paradox*, revised edn.

R. M. Sainsbury （2009）. *Paradoxes*, 3rd edn.

Margaret Cuonzo （2014）. *Paradoxes.*

4.7　可能性和不可能性

　　哲学家应该受到可能性的束缚吗？毕竟，如探险家弗里乔夫·南森（Fridtjof Nansen，1861—1930）所言，"困难的事需要花些时间；不可能的事需要花更多的时间而已"。我们很快就会看到，"可能性"（possibility）和"不可能性"（impossibility）在哲学中非常重要。但是，我们首先要区分可能性/不可能性的不同类型。有不少方法可以做到这一点，但对于哲学家来说，下面的划分通常抓住了它们之间的很重要的区别。

逻辑的不可能性

假如某事物不包含矛盾，或者更宽泛地说，只要它没有违反逻辑律，那么它在逻辑上就是可能的。例如，方形的圆圈在逻辑上是不可能的，因为这是一个自相矛盾的概念。但是，会飞的猪则不是逻辑上不可能的，因为"猪"概念和"飞"概念并不冲突。（因此，我们在科幻电影中或许能看到会飞的猪，但却看不到方形的圆圈。）

甚至还有一个逻辑分支，研究可能性和与之相关的概念，比如必然性。它被称为模态逻辑（1.5）。模态逻辑展现了前提之间的明显区别：普通的旧状态（例如"猫在垫子上"）和使用模态概念的陈述（例如"猫有可能在垫子上"或"猫必然在垫子上"）。

通常，哲学家思考模态的一种方式是使用"可能世界"（possible worlds）概念。不同的"可能世界"概念可能看起来相当异想天开，因此也许它可以被理解为一种有用的虚构或思想实验的基础。然而，要明白，许多哲学家认为它远不止于此，实际上，逻辑上的可能世界的观念与物理学中正在兴起的关于实际物理世界的多元宇宙的观点有关。

基本上，可能世界就是任何符合逻辑律的世界。所以，假设我的猫躺在我门边的垫子上只是一个偶然事实（1.16），那么就存在它躺在垫子上的可能世界和它不在垫子上的可能世界。存在猪会飞的可能世界和猪不会飞的可能世界。然而，不会存在任何可能世界有方圆或真正的自我矛盾或假的重言式，也不会存在 2＋2＝5 的可能世界（尽管其中一些主张可能存在哲学上的困难）。从逻辑上讲，似乎有许多不同的自然规律是可能的（尽管像莱布尼茨这样的理性主义者会反对）。所以，在一些可能世界里，光以不同的速度传播，爱因斯坦的方程会变成 $E = mc^3$，重力的作用也不同。然而，在任何的可能世界里，逻辑律都不会有所不同，因为逻辑律绝对地界定了在任何世界里何为可能，何为不可能。

自然的不可能性

当然，逻辑上可能世界之间的差异表明，人们可以谈论各种不同的可能性。例如，人们可以区分"自然的可能性"（physical possibility）和逻辑的可能性。如果一件事不违反宇宙的任何自然规律，那么它在自然上就是可能的，无论我们现在是否有技术或手段来实现它。如果某件事违反了一条或多条现有的自然规律，那么即使它没有违反任何逻辑律，它在自然上也是不可能的。因此，去火星旅行在自然上是可能的，但（根据大多数物理学家的说法）在我们的宇宙中，以超越光速的速度去火星旅游则是不可能的。

其他种类的可能性

我们还可以添加第三类"几乎不可能"来描述那些虽然在自然上是可能的，但在现在和可预见的将来超出我们能力范围的事情。我们可以在这里纳入技术上、政治上、法律上、军事上或经济上的可能和不可能的概念。哲学领域的认识论者，特别是那些研究怀疑主义问题的人，着迷于在认识论上什么是可能的和什么是不可能的（例如，可能知道自然世界，但不可能知道神）。在某种程度上，道德是由法律和规则决定的，我们甚至可以谈论道德上的可能和不可能。

应用

由于哲学通常研究的不是现实中的情景，故而明确区分可能性和不可能性的多种类型就显得尤为重要。例如，围绕个人同一性的论证，常会涉及隔空移动和大脑移植。有时，道德论证则会设定如下情景：拉下某个开关就能毁灭整个世界，抑或杀害一个无辜的人就能拯救整个世界。保罗·格赖斯（H. Paul Grice，1913—1988）在语言哲学的一个论证中，也曾设定过一个虚拟的事件：在未来的某个时间，人们会把"蓝"和"绿"的用法完全颠倒过来。思想实验依赖于模态观念。当提出不同的可能性来考虑不同的事实时，它们通常被称为"反事实"（counterfactuals）。

对于以上的每个例子，你都可以质疑其是否可能。但是，你必须清楚自己指的是何种可能性。通常，这些情景是否具有自然的可能性并不重要；它们只要符合逻辑或概念的可能性即可。

这是因为哲学工具最重要的用途之一在于概念的厘清和探究，即分析命题、论证或概念的含义与指称。要做到这些，你无须考虑自然的可能性与实践的可能性，只要它们满足逻辑的可能性，你就可以对它们进行细致的审视与研究。

然而，还有人认为，我们现实世界中发生的事情最为重要，既然有些问题与现实世界无关，那么我们就没有研究它们的理由。例如，让我们回到个人同一性的哲学讨论，可以说我们必须从这样一个事实出发，即我们是本身所是的那种自然的和生物的存在。因此，如果宇宙在不同的自然规律下运行，或者如果生物繁殖以不同的方式进行，那么从可能的情况出发进行论证将是虚假的。作为人类，我们受到现有法则和其他自然事实的约束，所以按照这种推理思路，考虑到这些偶然事实可能有所不同，那么"人"（person）这个词的用法将会变得无关紧要。

以上所有可能性问题都很复杂，并且没有定论。但是，我们需要清楚自己使用的是何种意义上的可能性或不可能性。我们还要知道，自己的论证需要满足何种可能性，以及与何种可能性有关或无关。

同时参见：

1.11*　确定性和可能性

1.12*　重言式、自相矛盾和不矛盾律

2.11*　思想实验

1.5　直言/模态

1.16　必然性/偶然性

推荐读物：

Michael J. Loux （1979）. *The Possible and the Actual*.

David K. Lewis （2001）. *On the Plurality of Worlds*.

Tamar Gendler and John Hawthorne （2002）. *Conceivability and Possibility*.

Andy Egan and Brian Weatherson （2011）. *Epistemic Modality*.

★ Theodore Schick and Lewis Vaughn （2019）. *How to Think about Weird Things*, 8th edn.

4.8 初始概念

有一次，我（朱利安·巴吉尼）在西班牙的一家餐馆里吃饭，但我几乎不懂西班牙语。选择甜点的时候，我看到一道菜叫作"helado"（冰淇淋）。我问服务生"什么是 helado？"他耸耸肩，说："helado es ... helado"（"冰淇淋就是……冰淇淋"）。

我的朋友不知道如何描述冰淇淋才能解释清楚什么是冰淇淋。但是，有没有一些概念，它们的确无法用其他词语来解释呢？

这样的概念被称为"初始概念"（primitive concepts）。它们是最初的（或在先的）概念，而非过去的或不成熟的概念。它们无法被进一步分解，亦无法用其他词语来界定。你要么能把握它们的含义，要么不能。

以"善"为例

在 G. E. 摩尔（G. E. Moore）的道德理论中，"善"是一个初始概念。摩尔相信，"善"不能用自然世界的其他属性来解释或定义，比如快乐、愉悦或美丽。"善性"（goodness）是现实世界的基本道德特性，而任何以自然世界的其他性质（非道德特性）来定义它的企图，都犯了"自然主义谬误"（the naturalistic fallacy）。由于善不能用其他术语来解释或定义，它便是一个初始概念。摩尔举出的另一个初始概念的例子是"黄色"，比如柠檬的"黄色性"（yellowness）就不能用其他术语来定义，因而它也是经验世界的一个基本特性。

这并不是说，我们完全不能谈论善是什么，或者它压根无法界定。我们可以通过举例子的方式来帮助他人理解善、解释它与恶有何不同，等等。但是，所有这些行为并没有将善分解成更基本的概念。换言之，我们只是简单地用其他词语或例子来帮助他们感知或识别善是什么。

或许，初始概念是无法避免的。毕竟，假如没有初始概念，任何概念都可以被分解成比它更基本的概念，而那些概念又可以被分解成更加基本的概念，照此类推，以至无穷。因而，为了进一步地分析，我们似乎必须假定一些初始概念。若无初始概念，概念分析将无止境，我们也就缺乏了语言的根基（即便事实可能真是这样）。

观察命题和实指定义

经验主义者则认为，最基本的概念并非初始的，而是艾耶尔所谓的"观察命题"（参见 4.1）。依此观点，语言的基础是诸如"猫"或"蓝"这样的词语，而它们的含义仅仅取决于经验观察。因此，假如你耸耸肩说"X 的意思是 X"，那就毫无意义。相反，语言最基本的层面是：你必须指向某个具体的观察才能够理解的概念。［有些哲学家亦将此称为"实指定义"（ostensive definition）。］

整体论

实际上，有些哲学理论坚称根本不存在所谓的初始概念，包括奎因著作在内的"语义整体论"（semantic holism）便是其中之一。依此观点，没有概念始终比其他概念更加基本，而语言的结构也并非垂直的，无须以某些固定的概念作为根基。整体论者认为，词语之间相互交错、相互关联，它们像网络一样，共同支撑起语言，因而语言的结构更像是水平的。只有逐渐进入整个语言体系，我们才能理解其中的词语和句子。无疑，它会导致意义的循环，但未必是不好的那种。正是在此意义上，维特根斯坦说过一句名言："理解一个语句，意味着理解一种语言"（《哲学研究》，§199）。在大陆哲学传统中，索绪尔、拉康和德里达都曾有过相关论述（参见2.10、3.2 和 3.7）。

哲学家们痴迷于分析，因而面对初始概念的断言时，就会变得多疑起来。他们不愿意或无法进一步分析初始概念，但轻易地接受它们似乎又是一种智力的惰性，那么我们为何不更加努力，将它们解释清楚呢？无论如何，经验主义和语义整体论提供了两种不依赖初始概念的研究方式。经验主义者认为，西班牙服务生耸肩的做法是不成熟的，但的确存在一些概念，只能通过这种方式来认识它们。

同时参见：

1.10* 定义

3.7* 循环论证

3.27* 无穷倒退

4.1 基本信念

推荐读物：

G. E. Moore（1903）. *Principia Ethica*.

Ferdinand de Saussure（1916）. *Course in General Linguistics*.

★ A. J. Ayer（1936）．*Language，Truth and Logic*．
W. V. O. Quine（1960）．*Word and Object*．
Jacques Derrida（1976）．*Of Grammatology*．

4.9　自明真理

以赛亚·伯林（Isaiah Berlin）说，哲学家是那些不断追问幼稚问题的成年人。这句话很有道理。但是，哲学家必须懂得何时该停下来，而不再询问像"为什么？"或"你怎么知道？"之类的问题。

在通常情况下，我们有理由询问他人如何获得真理；但在面对自明命题时，仍无休止地提出这样的问题，就有些不合时宜了。自明命题是指：我们无须提供更多证据、无须进一步论证的命题，它为自我提供证据。换言之，我们不用证实它，它能自我证实。

许多哲学家认为，世界上没有所谓的"自明真理"（self-evident truths）。但假如自明真理存在的话，它们大致可以分为以下三种类型：（1）逻辑律；（2）分析命题；（3）基本观察命题。

逻辑律

许多人认为逻辑律是自明的。例如，不矛盾律就被认为是一个自明真理：在同一思维过程中，某事物不能既是 X，又不是 X。假如你认为某事物既是纯黑的，同时又不是纯黑的，你就没有理解"纯黑"到底是什么意思。

分析命题

分析命题同样被视为自明的。"所有的单身汉都是没有结婚的人"是一个分析命题，因为"没有结婚的人"代表的所有意思都内含于"单身汉"概念之中。于是，只要我们理解了这句话中的每个词语的意思，"所有的单身汉都是没有结婚的人"的真理性就不证自明了（参见 1.3）。

观察命题

第三种自明真理是基本的观察命题，这种命题包括"我正在注视黄色"这样的命题。这种命题不需要进一步证实；询问"你怎么知道你正在注视黄色？"似乎是一件毫无意义的事。然而，假如我说"我正在注视黄色的金丝雀"，我的断言便不是一个自明命题；因为我有可能看到的不是金丝雀，或者我出现了幻觉。于是，观察命题只有在仅涉及言谈者自身的体验，且没有对现实世界或观察对象做出判断时，才是自明真理。对于观察过金丝雀的人来说，"我似乎正在注视金丝雀"是自明真理，而"我真的正在注视金丝雀"则不是（参见 4.1 和 4.7）。

清楚、明确及正确的观念

笛卡尔最著名的句子便是《方法谈》（*Discourse on Method*，1637）中的"我思，故我在"（I think，therefore I am）。在某种意

义上，这个公认的自明真理（"我在"）可以被理解为一个观察命题（只要我们把反思也归于观察）。与这个著名的陈述相比，笛卡尔在他的第二个沉思（《第一哲学沉思集》，1641）中提出了另一种表述："我是；我存在"（I am；I exist）。它们两者之间的差异非常重要。笛卡尔没有从"他在思考"这个事实推论出他的存在。更准确的说法是，笛卡尔认为"我思；我存在"是一个"清晰明确"的观念；心灵瞬间便清晰明确地认识到这样的观念是真的，且不可置疑。［笛卡尔的理论呼应了古希腊斯多亚主义的"把握性印象"。随后，斯宾诺莎用另一个术语表达了相同的理解："正确"（adequate，或译"充分"）。］于是，"我思，故我在"中的"故"便是冗余的。

哲学家不愧是哲学家，凡是被认作自明真理的命题，都有人否认它们是自明的。但是，假若没有自明真理，或者没有不可置疑的命题，我们是否会像以赛亚·伯林所说的那样，不停地追问"你到底怎么知道它是真的呢？"或许，这样的命题的确不存在。

同时参见：

1.11* 确定性和可能性

1.1 先验/后验

4.5 神秘的经验和启示

4.10 怀疑主义

推荐读物：

René Descartes（1644）. *Principles of Philosophy*, Pt 1, §§ 7，10，45.

Benedict Spinoza（1677）. *Ethics*, Pt 2，Def 4.

Pierre Bayle（1702）. Pyrrho. In：*An Historical and Critical*

Dictionary，2nd ed.

★ Bertrand Russell（1912）. On intuitive knowledge. In：*The Problems of Philosophy*，Ch. 11.

★ Stephen Everson（ed.）（2001）. *Epistemology：Companions to Ancient Thought*，Vol. 1.

★ Julian Baggini（2017）. *A Short History of Truth*.

4.10　怀疑主义

　　哲学有建构和解构两个方面，比较容易理解的是解构的这个面。哲学会质疑一些论证、原则和信念。从这个意义上说，进行破坏也需要很高的技巧，这类哲学问题中最有效的一些方法本质上是怀疑的：你怎么确定你不是一个缸中之脑，让你误以为你生活在现实世界中？我们能感知到独立的、物质的客体，该事实是否必然说明这些客体的确存在？或许我们只是在做梦？那些像我们一样的人也有大脑吗？我们怎么知道他们不是机器人，或许他们所体验的现象与我们的截然不同？

　　怀疑主义所提出的各种质疑已经被证明是哲学进步的巨大推动力，即便非怀疑主义的质疑也是如此。笛卡尔著名的"方法论怀疑"首先假定人们的信念都是错误的，直到有一个信念在面对这种怀疑主义挑战时依然能够被证明是正确的。笛卡尔坚持不懈地、勇敢地质疑了自己的所有信念，直到他确定了一种他无法怀疑的信念，从而将其作为他所有知识的基础：这是一个清晰而明确的信念，即他存在，这就是著名的表述"我思故我在"（cogito ergo sum)。因此，在笛卡尔的手中，怀疑主义变成了一种达成知识和确定性这一积极后果（从目标的意义上说）的手段。

历史

怀疑主义有着悠久且具有影响力的历史。按照惯例，我们认为它肇始于伊利斯的皮浪（Pyrrho of Elis，约前 365—约前 275），虽然在他之前，怀疑主义式的思想就已经存在了——比如在苏格拉底那里，正是因为他知道自己一无所知（柏拉图的《申辩篇》，21a），他才被称为最有智慧的人。在古希腊以及希腊化罗马的世界里，怀疑主义在许多哲学派别中都占有一席之地，尤其是斯多亚主义提出的教义。怀疑主义的运动包括两个分支：学园派和皮浪主义。学园派的主要人物包括皮塔内的阿尔克西拉乌斯（Arcesilaus of Pitane，约前 315—约前 240）、昔勒尼的卡涅阿德斯（Carneades of Cyrene，前 214—前 129）和西塞罗。埃奈西德穆（Aenesidemus，约前 100—前 40）和塞克斯都·恩披里柯则在很大程度上发展了皮浪主义这一分支。他们都提出了许多批判性的策略或论辩，旨在瓦解教条主义。

其中最重要的怀疑主义论辩主要质疑了以下几点：（1）提出知识主张的主体；（2）这些主张涉及的客体；（3）主体与客体之间的关系。怀疑主义者还质疑了：（4）部分与整体的关系；（5）因果关系；（6）语言的能力。他们练习用这些方法来建立彼此对立的论点和理论，以便使它们相互制衡或抵消（希腊语中的 isosthenia）。例如，卡涅阿德斯在罗马出名的原因是：他有一天发表了一篇有说服力的演讲，为正义辩护；第二天又发表了一篇同样有说服力的演讲，反对正义。从基本上说，怀疑主义者带来了诸多麻烦。

在中世纪，对怀疑主义的关注逐渐消退，但围绕是否能够以及如何认识与谈论上帝等问题，怀疑主义的观点始终可见。文艺复兴之后，怀疑主义再次复兴，它在早期现代的宗教发展以及新科学的建立中都是核心内容。它采用了这样的观点：杀不死你的东西就会让你更强大。最近，分析哲学家们困惑于怀疑主义到底有没有意义，但在后结构主义和解构主义那里，怀疑主义的论调却出现在众多文献之中。

怀疑主义者通常都认同一个论断：知识不可能存在。但这种说法有很大的问题，因为"知识不可能存在"本身便是一个知识性的论断。因此，怀疑主义似乎就是自我挫败的。事实上，许多怀疑主义者都被指责为自我反驳。但是，还有很多怀疑主义者要复杂得多。他们有时甚至故意采用一种自我颠覆的策略，就像使用一种类似于催吐器的装置似的，不仅破坏了自身，而且也要一同破坏掉他们盯上的教义（《皮浪学说概要》，PH 1.7.14 - 15，PH 2.13.188，PH 1.28.206 - 209）。

积极的怀疑主义

事实上，把怀疑主义本身看作虚无主义或一种否定的教条主义是错误的——断言否定的教条主义陈述，如知识是不可能的。相反，怀疑主义者练习悬搁判断（suspending judgement，epochē）和对教条问题保持沉默（silent，aphasia），而不是断言消极的判断。他们不会断言什么是真的，什么不是真的，但他们确实允许自己接受或遵从看似如此的东西。因此，真正的怀疑主义者既不是实在论者，也不是非实在论者（1.20）。服从表象，对于皮浪派的怀疑主义者来说，尤其意味着以"四重"方式服从：（1）服从习惯；（2）服从看似自然的东西；（3）服从感觉和情感；（4）服从技艺。

因此，怀疑主义的批判性和颠覆性工作作为一种积极的疗法，有助于治疗各种教条式的病态，特别是有助于治疗错误地试图将我们与世界、我们自己与他人的关系理解为认识问题而导致的那些病态。换句话说，怀疑主义者培养了一种对人类的有限性和人类知识的脆弱特性的积极欣赏，而人类知识本身被恰当地认为是知识。在这样做的过程中，怀疑主义者试图引导人们过上更温和、更平静的生活，并使人们有可能认识到，作为人类存在的"共同生活"（bios）的一部分意味着什么。

标准问题

虽然怀疑主义的思想是极其多样的，但其中的大部分集中在我们所知的标准问题上。问题是这样的：有没有什么标准可以使我们毫无疑问地把知识和错误区分开来？在怀疑主义的严密审视下，似乎每一个符合这种标准的候选者都枯萎了。怀疑主义者并不否认有足够的判断标准，但他们也不断言有这样的标准。他们在这个问题上保持着探究性或"开放性"。

标准过高？

哲学家们回应怀疑主义者的一种方式是，认为他们设立了太高的知识标准，以至于该标准永远无法满足。A. J. 艾耶尔在《知识的问题》（*The Problem of Knowledge*，1956）中写道："怀疑主义者的论证并非谬论；他的逻辑通常是没有瑕疵的。但他的胜利是空洞的。他从我们这里抢走确定性，仅仅是为了确定我们无法获得确定性。"

艾耶尔的观点是，怀疑主义者只有在我们接受他或她的规则时才会获胜。但我们为什么要接受这些规则呢？我们难道不应该拒绝怀疑主义者的极端标准，因为它们必然是无法获得的吗？虽然有一种选择是放弃正确知识所需的标准，但我们可以用一些能够很好地甚至更好地服务于我们目的的东西来代替知识。学园派怀疑主义者走的就是这条路。学园派怀疑主义者反对武断地声称已经确定地理解了关于现实的真理，而是主张有可能的（probable）或有说服力（persuasive，pithane）的东西，包括概率或有说服力的标准。事实证明，这是一种极具影响力的策略。

因此，作为一套哲学工具，怀疑主义提供了相当多的东西。使用许多怀疑主义的比喻，平衡彼此之间的论点，以及用更有力的断言来检验概率主张的技能，不仅可以为怀疑主义者的目的服务，也可以为那些像笛卡尔这样希望最终拒绝怀疑主义并建立某种教条主义的人服务。怀疑主义也许还能独特地引导我们更好地理解人类居住在世界上的方式，这是一种特殊的理解，虽然不能被恰当地理解为知识，但在某种意义上却是真实和积极的。

对于许多怀疑主义问题，也许没有决定性的答案。也许总是有空间让怀疑主义者冒出来，提出他或她的疑问。如果是这样的话，那么哲学面临的挑战也许是认识到什么时候应该把怀疑主义疑问放在一边，什么时候必须认真对待。或者，哲学家们必须学会如何在怀疑的背景下进行哲学思考，而不是将其抛弃。也许哲学家们必须学会接受怀疑主义者是不可救药的这种永恒的可能性，而不以此为理由放弃哲学的建设性愿望。

同时参见：

1.11* 确定性和可能性

1.9 可撤销/不可撤销

2.3 诘难和绝境

4.1 基本信念

4.9 自明真理

推荐读物：

Sextus Empiricus（c. 200 CE）. *Outlines of Pyrrhonism*.

Cicero（first century BCE）. *Academica*.

★ Michel de Montaigne（1596）. Apology for Raymond Sebond. In：*Essays*.

Charles Landesman and Roblin Meeks（eds）（2002）. *Philosophical Skepticism*.

★ John Greco（2011）. *The Oxford Handbook of Skepticism*.

Diego Machuca and Baron Reed（eds）（2018）. *Skepticism from Antiquity to the Present*.

4.11 非充分决定性与不可通约性

地球绕着太阳转，抑或太阳绕着地球转？现在几乎所有人都同意，地球绕着太阳转。为什么？有人认为，这是因为有证据证明这是真的，有证据证明地球中心论是假的。然而，根据一位具有影响力的哲学家所说，"证据"并不能帮助我们得出这个结论，至少不能说明该结论比其他观点更加准确。

"非充分决定性"（underdetermination of the theory by evidence）与奎因有着最为密切的联系。他认为，无论面对何种假定（比如地球绕着太阳转），肯定有不止一种解释方式能够与证据保持一致。假如他所言属实，证据就永远无法迫使我们接受某个特定的理论；理论即便能解释证据，也不能说明该理论就是真的。这就是说，我们可以选择一个理论去解释证据，但绝非只有这一种解释方式。

奎因认为，我们需要在众多理论中选择一个更优的理论，但"证据"并不能帮助我们做出这样的选择。经验主义哲学认为知识源自经验，因而真理源自我们观察或经验到的证据。而奎因想要表明，真理与证据之间的关系并非那么一目了然。

在奎因看来，我们将证据嵌入信念体系的过程，其实就像在做拼图游戏。我们误以为，每一块拼图（证据）都只能放在唯一的位置，这样才能拼成最终的图形（真理）；但事实是，我们可以按照许多不同的方式，将所有的拼图摆在一起，它们最终总会形成一个图形，并且涵盖了每一块拼图。

例子

让我们再看太阳的例子。有人可以坚称，根据所有的证据，我们会得到太阳绕着地球转的结论。而他需要做的事情也很简单，就是死撑着、不松口。比如，如果你坚信地球中心论，你就可能会说，地球是被某个神固定在中心的，太阳和月亮确实是在地平线上升起的，事实上，整个宇宙都在绕着我们旋转。这似乎是一个相当异想天开的想法，与其说是科学解释，不如说是宗教解释。即便如此，这种解释还是符合证据的。只不过这种解释在其他人看来并不合理。正是出于这样的原因，阴谋论和神造论都难以反驳。它们总是能找到符合它们理论的证据，并且总是能找到否定反面证据的理由。

彻底翻译的不确定性

奎因的另一个观点"翻译的不确定性"（the indeterminacy of translation）表达了相同的核心思想。设想一位人类学家在观察一个外国部落的成员，这些成员每当看到一只兔子时，就会使用"gavagai"这个词。奎因认为，我们永远无法精确地知道他们通过gavagai表达的准确含义——它的意思可以是"兔子""看，兔子！""神圣的兔子""这有只兔子""看，兔子的器官"，等等。因而，证据（他们看到兔子后说 gavagai）与多种翻译 gavagai 的方式都是相容的。于是，无论观察到多少个部落成员做出相同的行为，我们选择的翻译方式都仍有可能是错的，甚至可能所有的翻译都是错的。

或许，"非充分决定性"论题教会我们的最重要的内容就是：即便一个理论符合所有的证据，这仍然不能说明该理论是对的，或绝对正确。"符合证据"不是接受理论的充分标准，因为总是有两个或更多的理论能同时符合所有的证据。因此，除了"符合证据"之外，我们要判断何者为真、何者为假，仍需要其他标准。

不可通约性

但是，你可能会说，证据当然可以帮助我们在相互竞争的理论中做出决定。对吗？托马斯·库恩（Thomas Kuhn）和保罗·费耶阿本德（Paul Feyerabend）认为，不一定。科学通常或多或少被认为是庞大而统一的———一种单一的、连续的知识项目，并且逐渐完善自身；但是，库恩和费耶阿本德（他们在 20 世纪 50 年代是加州大学伯克利分校的同事）则指出，科学是由多个并不连续的项目拼凑而成的。这意味着，正如不存在对"gavagai"的普遍的、无限制的定义一样，也不存在一套普遍的、无限制的方法、概念、评价标准和推理方式，因而无法在不同的科学之间进行比较，比如对亚里士多德科学与牛顿科学进行比较，或对文艺复兴科学与玛雅科学进行比较。这些不同的科学之间并没有一个共同的尺度，也就是说，按照费耶阿本德的表述，它们是"不可通约的"（incommensurable）。（顺便提一下，道德哲学也有可能是不可通约的。）按照库恩的术语，科学是由相对离散的范式组成的，这些范式彼此之间有很大的差异，以至于描述科学的总体进展都变得有问题。

　　这些具有限制性的想法可能并不正确，但它们似乎确实表明，推理、科学和知识比它们最初常常表现出来的复杂得多。哲学，亦是如此。

同时参见：

2.1* 　溯因推理

3.2* 　替代性解释

3.31* 　可检验性

4.9 　自明真理

4.10 　怀疑主义

推荐读物：

Pierre M. Duhem (1906). *La théorie physique, son objet et sa structure.*

Paul Feyerabend (1962). Explanation, reduction and empiricism. In: *Scientific Explanation*, *Space*, *and Time* (eds H. Feigl and G. Maxwell), pp. 28 – 97.

Thomas Kuhn (1962). *The Structure of Scientific Revolutions.*

★ W. V. O. Quine (1970). *The Web of Belief.*

Robert Klee (ed.) (1999). *Scientific Inquiry: Readings in the Philosophy of Science.*

Thomas Bonk (2008). *Underdetermination: An Essay on Evidence and the Limits of Natural Knowledge.*

图书在版编目（CIP）数据

好用的哲学 /（美）皮特·福斯（Peter S. Fosl)，
（英）朱利安·巴吉尼（Julian Baggini）著；陶涛，张
荟译 . -- 北京：中国人民大学出版社，2025.7.
（经典人文课）. -- ISBN 978-7-300-33893-4

Ⅰ. B-49

中国国家版本馆 CIP 数据核字第 2025WB3574 号

经典人文课

好用的哲学

［美］皮特·福斯（Peter S. Fosl)　　［英］朱利安·巴吉尼（Julian Baggini）/著

陶涛　张荟/译

Haoyong de Zhexue

出版发行	中国人民大学出版社			
社　　址	北京中关村大街 31 号		**邮政编码**	100080
电　　话	010-62511242（总编室）		010-62511770（质管部）	
	010-82501766（邮购部）		010-62514148（门市部）	
	010-62511173（发行公司）		010-62515275（盗版举报）	
网　　址	http://www.crup.com.cn			
经　　销	新华书店			
印　　刷	北京联兴盛业印刷股份有限公司			
开　　本	890 mm×1240 mm　1/32		**版　　次**	2025 年 7 月第 1 版
印　　张	7.875 插页 4		**印　　次**	2025 年 7 月第 1 次印刷
字　　数	176 000		**定　　价**	78.00 元